AF495697

NOTICE

SUR LA CONSTRUCTION

DE

L'ÉGLISE DE LA CHAISE-DIEU

(HAUTE-LOIRE)

SON FONDATEUR, SON ARCHITECTE, SES DÉCORATEURS

(1344-1352)

D'APRÈS LES DOCUMENTS CONSERVÉS AUX ARCHIVES DU VATICAN

PAR

MAURICE FAUCON

ARCHIVISTE-PALÉOGRAPHE

ANCIEN MEMBRE DE L'ÉCOLE FRANÇAISE DE ROME

(avec trois planches gravées)

PARIS

LIBRAIRIE ALPHONSE PICARD ET FILS

82, RUE BONAPARTE

1904

NOTICE

SUR LA CONSTRUCTION

DE

L'ÉGLISE DE LA CHAISE-DIEU

NOTICE

SUR LA CONSTRUCTION

DE

L'ÉGLISE DE LA CHAISE-DIEU

(HAUTE-LOIRE)

SON FONDATEUR, SON ARCHITECTE, SES DÉCORATEURS

(1344-1352)

D'APRÈS LES DOCUMENTS CONSERVÉS AUX ARCHIVES DU VATICAN

PAR

MAURICE FAUCON

ARCHIVISTE-PALÉOGRAPHE

ANCIEN MEMBRE DE L'ÉCOLE FRANÇAISE DE ROME

NOUVELLE ÉDITION REVUE

PARIS

LIBRAIRIE ALPHONSE PICARD ET FILS

82, RUE BONAPARTE

1904

NOTICE

SUR

LA CONSTRUCTION

DE

L'ÉGLISE DE LA CHAISE-DIEU

(HAUTE-LOIRE)

Le lecteur trouvera dans cette notice, non pas une monographie complète de l'église abbatiale de la Chaise-Dieu, mais l'historique de la construction et la description de certaines parties de ce grand édifice. Elle lui fera connaître, avec la part prise par le pape Clément VI à cette construction, l'architecte qui en dirigea les travaux, les principaux maîtres qui les exécutèrent sous ses ordres, les peintres employés à sa décoration, le sculpteur qui érigea au milieu du chœur le tombeau du fondateur de l'église nouvelle, enfin la nature et la provenance des matériaux, les moyens de transport, le mode et la quotité des salaires, éléments que l'histoire locale ne dédaignera pas, parce qu'ils présentent au vif la vie ouvrière de ces temps sous l'administration monastique, et les conditions économiques du travail dans un pays qui n'eût été qu'une affreuse solitude si l'institution de saint Robert n'y avait établi un foyer de civilisation et de vie.

La plupart des renseignements publiés dans ce travail sont tirés des *Registres caméraux* (registres de comptes) de la série dite avignonaise conservés aux archives du Vatican, spécialement du volume coté *Introitus et exitus cameræ 228* portant pour titre : *Expensa fabrice Case Dei.* Le pape Clément VI, ayant pris à sa charge la presque totalité des frais de l'œuvre, avait exigé qu'un compte minutieux lui fût fourni de l'emploi des fonds et de la conduite des travaux. Les comptes de dépenses, allant jusqu'à l'année 1347, occupent le tiers du volume ; le reste est blanc. Sans doute pour les dernières années Clément VI n'en exigea pas et n'envoya pas à la Chaise-Dieu un fonctionnaire chargé de les relever (1).

Quand donc on trouvera dans cette notice des détails précis et inédits sans indication de provenance, ils seront tirés de ce registre caméral 228. Parmi les autres manuscrits consultés, nous noterons seulement : au Vatican, la série régulière des *Camera-lia*, les *Regesta* du pontificat de Clément VI ; à la Bibliothèque nationale, la précieuse *Historia Casæ Dei* de Dom Genoux (fonds latin, n° 12,818) très intelligemment utilisée par M. Branche ; l'histoire de dom Tiolier (fonds français n° 18,681) ; un recueil de pièces relatives à l'abbaye de la Chaise-Dieu (fonds latin n° 12,664) ; aux Arch. nat. les cartons de bulles du xive siècle, série L, n°s 840 et suivants, etc.

Parmi les ouvrages imprimés, nous nous sommes beaucoup servi de l'ouvrage de Dominique Branche, *L'Auvergne au Moyen-Age*, t. 1er, *Les Monastères d'Auvergne*. Le premier en date des travaux modernes sur la Chaise-Dieu, c'est encore le meilleur, malgré des erreurs de détail dues à l'insuffisance des sources consultées. Indiquons aussi *L'abbaye de Saint-Robert de la Chaise-Dieu* par M. l'abbé Bonnefoy (2e édition, Le Puy, Prades-Freydier, 1890) ; Francisque Mandet, *Monuments historiques de la Haute Loire et du Velay*, etc.

---

(1) Celui qui y vint en 1347 se nommait Pierre Gernage. « Item solvi pro expensis equorum et pro quibusdam aliis minutis necessariis expensis factis per dominum Petrum Gernagii, collectorem domini nostri pape, per xxviii dies quibus fuit apud Casam Dei audiendo et examinando rationes et computa supradicta de mandato domini nostri pape, xv lib. tur. » *Reg, camer.* 228, f° 65 v°.

I

Fondée seulement au XI* siècle par saint Robert, fils du comte
d'Aurillac Géraud et chanoine de Saint-Julien de Brioude, il était
naturel que l'abbaye de la Chaise-Dieu atteignit plus tard que les
autres grands établissements monastiques d'Occident sa période
d'extrême prospérité. La seconde moitié du XIII* siècle en marque l'apogée (1). Dès le commencement du XIV*, cette période
touche à son déclin. Avec son système d'abbayes dépendantes et
de prieurés soumis qui assuraient le culte religieux à la moitié
de l'Auvergne, à presque tout le Velay, rayonnaient dans le
Rouergue, le Limousin, le Languedoc, comptaient des agrégations
jusqu'en Italie et en Allemagne, cette illustre maison conserve
dans l'Eglise une place considérable, mais le monastère de la
Chaise-Dieu voit son rôle propre amoindri par le nombre même
et l'importance de ses fondations. L'autorité de l'abbé ne peut
plus s'exercer directement sur un corps si étendu. Aussi, presque
absolue jusqu'en 1303, fait-elle place vers cette époque au régime
des chapitres généraux institués par l'abbé Aymon de Laqueilhe.

Le chapitre devait être réuni annuellement. Il se composait,
en principe, de tous les abbés soumis, de tous les prieurs, et des
religieux profès de l'abbaye. Il instituait deux définiteurs chargés,
avec un troisième dignitaire du même nom désigné par l'abbé,
du gouvernement des personnes. A côté du pouvoir de l'abbé qui
conservait le magistère suprême et, au temporel, les droits suze-

____

(1) C'est en 1260, sous le gouvernement d'Albert de La Molette, qu'eut lieu la dernière
agrégation à l'abbaye mère d'un monastère étranger, celui de la Valdieu, fondé au diocèse
de Bâle par Agnès, comtesse de Tours. Au même temps l'abbé était constitué procureur
de l'Eglise romaine vis-à-vis des évêques de Clermont, et chargé à ce titre d'exiger
d'eux le droit de gite. (Dom Genoux et Branche. *loc. cit.*)

Jains, il y avait ainsi celui des définiteurs de qui relevaient la conduite intérieure des monastères et les relations des monastères entre eux. A deux procureurs également nommés par le chapitre, incombait la surveillance de tous les intérêts matériels. Cette réforme était nécessaire pour rattacher au berceau commun des filiales devenues puissantes ; elle n'en constituait pas moins une atteinte à l'ancienne puissance du seigneur-abbé.

Telle était l'organisation en vigueur à la Chaise-Dieu, quand le cardinal Pierre Rogier ceignit la tiare sous le nom de Clément VI. Enfant du monastère, il l'avait toujours aimé et lui avait donné plusieurs fois des marques de son souvenir filial (1). Ayant vécu à l'abbaye en qualité de novice et de profès au temps où le prestige de l'abbé était encore dans son éclat, il s'appliqua à le relever. A Renaud de Montclar, qui succédait dans les fonctions abbatiales à Jean de Chandorat, devenu évêque du Puy (1342), il concéda la faveur de bénir les lieux saints dans toute paroisse dépendante de son monastère, sans se servir de l'eau bénite consacrée par les évêques. C'est sous le gouvernement de Renaud que furent commencés les travaux de la nouvelle église. Après lui, Pierre d'Aigrefeuille et Etienne de Mallet tinrent peu de temps la crosse, le premier ayant été promu à l'évêché de Clermont, le second à l'évêché d'Elne, et bientôt à l'archevêché de Toulouse. C'est à Etienne d'Aigrefeuille que revint l'honneur d'occuper le siège abbatial pendant les dernières années du pontificat de Clément VI, de procéder à l'inauguration de l'église, de compléter les chapelles absidales, d'y installer des autels, enfin de recevoir (8 avril 1353) la dépouille mortelle du bienfaiteur de son couvent et de l'ensevelir dans le tombeau que celui-ci s'était préparé.

Ce fut surtout par des libéralités pécuniaires que se manifesta la générosité du pape. En 1344 (2), deux ans après son avènement, il se préoccupa de faire reconstruire de fond en comble, comme le dit expressément le préambule du compte officiel (3), l'église du

---

(1) Baluze, *Vitæ pap. aven.*, t. I, col. 243 et s. — Rainaldi, *Ann. eccl.*, t. XXV.

(2) Et non en 1343, comme le pense M. Mandet (*Monuments historiques de la Haute-Loire et du Velay*, p. 260), s'appuyant sur le ms. de dom Tiolier. Les allégations de ce ms. sont souvent inexactes, comme nous le constaterons plus loin.

(3) Voir aux pièces justificatives, n° 1.

monastère de la Chaise-Dieu, au lieu et place de l'église romane de
saint Robert. Le 4 mai de la même année, le premier versement
des sommes applicables à cet objet était effectué au nom du pape,
par l'abbé Renaud de Montclar, entre les mains des deux officiers
de l'abbaye spécialement chargés de les recueillir, Hugues d'Usson, second prieur, et André Jouvenceau, aumônier (1). L'abbé
avait en effet reçu de Clément VI, soit en une fois, à l'occasion
peut-être d'un voyage à la cour apostolique, soit à diverses
reprises, 4000 florins d'or de bon poids. Du 4 mai 1344 au
7 août 1345, il les fit passer par sept versements inégaux et inéga-
lement espacés, au fur et à mesure des besoins, entre les mains des
deux dépositaires (2) ; on peut voir plus loin le détail de ces versements.

A partir du milieu de l'année 1345, les libéralités pontificales
furent transmises par un autre moyen. Les moines de l'abbaye con-
fièrent à Antoine Laytent, prieur de Mazeyrat, l'un des leurs, une
procuration générale (renouvelée deux ans plus tard par Bertrand
Lafage, grand prieur). Antoine Laytent recevait directement de la
Camera apostolique les sommes assignées. En six versements,
dont le premier est du 10 août 1345 et le dernier du 9 septembre
1347, elles montèrent à 9488 écus d'or (3). Pour cause de mort ou
de retrait de la procuration, les pouvoirs d'Antoine Laytent pren-
nent alors fin. Puis, pendant près de deux ans, il n'y a plus dans
les comptes trace des largesses du pape ; mais cette interruption
n'est probablement qu'apparente, le registre de 1348 faisant défaut
dans la série des *Cameralia*. Il est à croire que cette année-là,
comme les suivantes, Clément VI adressa à l'abbaye un subside
de 2000 ou 3000 florins d'or.

En 1349, c'est au frère Guillaume Duriane que le mandat de

(1) D'après M. Branche (*Les monastères d'Auvergne*), les officiers claustraux étaient
alors au nombre de neuf. C'étaient : le doyen, l'infirmier, le sacristain, l'ouvrier *(operarius)*, important fonctionnaire à la charge duquel était attachée la possession des églises
de Fournols, Echandelys, Layre ; l'hôtelier, l'aumônier, le trésorier (*camerarius*), le
chantre et le réfecturier. Les attributions administratives du sous-prieur ne le rangeaient
pas parmi les officiers claustraux.

(2) L'abbé les remettait directement ou par des intermédiaires, tels qu'Antoine Laytent,
son écuyer Jourdain, Bertrand de Balens, prieur de Saint-Didier. Cf. Pièces justificatives, n° I.

(3) Arch. Vat. *Cameralia.* 237, f. 136 ; *ibid.* 250, f. 190.

procureur est commis. Il reçoit 2000 florins le 13 juin 1349, et autant le 7 juin 1350. Mais les nécessités du monastère croissant à mesure que l'église s'avance, il y a désormais deux versements par an, chacun de 2000 florins, pour les termes de la Chandeleur et de l'Assomption, ce qui fait 8000 florins pour les années 1351 et 1352 (1). La mort du pape, survenue en décembre 1352, arrêta le cours de ces subsides, que devait plus tard reprendre Grégoire XI, l'un des successeurs et le neveu de Clément VI. Il est bien permis cependant de penser qu'Innocent VI, qui avait occupé le siège épiscopal de Clermont sous le nom d'Étienne Aubert, secourut en quelque façon les moines auvergnats, et, spécialement, que les 5000 florins par lui comptés (2) aux cardinaux de Tulle et de Saragosse quand, avec une escorte de prélats et de gentilshommes, ils rapportèrent à la Chaise-Dieu le corps de son prédécesseur, n'étaient pas seulement destinés à subvenir aux frais de la cérémonie funèbre.

En résumé, sans tenir compte de cette dernière somme, ni de la contribution de l'année 1348 sur laquelle l'absence du registre caméral ne laisse place qu'aux suppositions, les libéralités pontificales avaient atteint en huit ans 14,000 florins et 9488 écus d'or, ce qui donne, en réduisant tout en florins d'après le taux du change fourni par le compte lui-même (1600 écus = 2000 florins ; l'écu = 1,25 florin), un total de 25,860 florins. Il faut remarquer que ce total est au-dessous de la vérité, Pierre Rogier, n'étant encore que cardinal, avait fait à l'abbaye un don de 1000 florins de Florence destiné à fonder deux chapellenies particulières (3), desservies par deux moines du monastère. En outre les contributions portées plus haut pour mémoire ne sauraient être négligées sans inexactitude. C'est donc à 30,000 florins au bas mot qu'il convient de le chiffrer. Ces 30,000 florins valaient en valeur absolue, en poids 375,000 francs ; ils vaudraient aujourd'hui, en

---

(1) Arch. Vat. *Cameralia*, 261, f⁰ˢ 209 et 210 ; *ibid.* 265, f⁰ 120 v⁰.

(2) Arch. Vat. *Cameralia*, à la date du 28 février 1353. Le cortège arriva à la Chaise-Dieu le 8 avril.

(3) Rappelé dans le reg. caméral 203, f⁰ 197 v⁰ sous la rubrique : *Ordinatio facta per dominum papam Clementem VI, dum erat cardinalis, super certo legato per eum facto monasterio Case Dei.*

estimant le pouvoir de l'argent cinq fois (1) plus élevé alors qu'il ne l'est maintenant, 1,875,000 francs environ. Quelque considérable que paraisse cette somme, elle ne suffit cependant pas à élever l'église de la Chaise-Dieu telle que nous la voyons, puisque les trois dernières travées et les tours de la façade furent exécutées, leur style et les traditions écrites de l'abbaye l'attestent, sous le pontificat de Grégoire XI (1370-1378). Toutefois les dons du pontife avaient de beaucoup dépassé ses promesses. D'après les préliminaires du compte d'Antoine Laytent, il n'avait annoncé d'abord à ses anciens frères qu'une contribution de 10,000 florins.

Les deux religieux Hugues d'Usson et André Jouvenceau, désignés plus haut pour recevoir les sommes de la main du mandataire du pape, ne les répartissaient pas eux-mêmes aux ouvriers ou aux directeurs des travaux ; ils les transmettaient par fractions plus ou moins considérables à l'administrateur de la construction de l'église (qu'il faut identifier sans aucun doute avec l'officier nommé *operarius*), Guillaume Michel, moine du monastère et prieur de Saint-Victor. La suite de ces versements partiels, dont nous reproduisons en note le début (2), mérite une certaine considération. D'une part, elle affirme l'exactitude avec laquelle tous les fonds alloués par le pape passaient à l'œuvre et l'emploi qu'en faisait au jour le jour l'administrateur de la fabrique, sûr que la source ne tarirait pas (3); de l'autre, elle présente des données curieuses sur la valeur de la livre tournois comparée à l'écu d'or et sur l'énorme dépréciation qu'elle subit dans le court espace de deux ans (1345-1347). L'écu d'or, en novembre 1345, vaut 16 sous

(1) C'est l'augmentation proposée par M. Vuitry, dans ses belles études sur les monnaies au moyen-âge. Mais l'hypothèse conserve une large part dans ces évaluations.

(2) « Anno Domini Mᵒ CCCᵒ XLIVᵒ, in festo Ascensionis Domini, ego Guillelmus Michaelis, monachus monasterii Case Dei, prior Sancti Victoris, administrator fabrice ecclesie quam sanctissimus pater dominus Clemens papa VI fabricare facit seu fieri in abbatia Case Dei in Arvernia, pro expensis dicte fabrice persolvendis, habui et recepi a venerabilibus viris dominis Hugone d'Ussom, priore secundo, et Andree *(sic)* Juvencelli, helemosinario majore, custodibus pecuniarum fabrice supradicte, IIIIᶜ florenos auri boni ponderis, quolibet computato pro XII sol. VI d. Valent IIᶜ L libr. tur. » (fol. 3.)

(3) En septembre 1345, les 4000 florins reçus du pape (le dernier versement n'est que du milieu d'août) ont entièrement passé à l'*administrator fabrice*. En septembre 1347, des 9488 écus d'or reçus dans l'intervalle, il n'en demeure que 100 entre les mains du second prieur et de l'aumônier (fol. 4).

et 8 deniers tournois (1) ; mais la dépréciation de la livre tournois le fait monter avec une extrême rapidité, et on le voit évalué, en décembre 1347, à 36 sous tournois, conséquence des affaiblissements successifs infligés par Philippe VI aux espèces mon-

(1) C'est exactement la valeur légale qu'assignait au denier d'or à l'écu de 24 carats de loy, de 54 au marc (notre écu d'or), l'ordonnance royale du 22 août 1343. Les variations de la monnaie sont le fléau de cette époque. Pour rendre le sujet intelligible, sans entrer dans les détails que comporterait la difficulté de la matière, je rappellerai que, du 27 avril 1346 au 20 août 1350, les monnaies subirent dix variations. « Leur affaiblissement, dit M. Vuitry (*Les monnaies sous les trois premiers Valois*, p. 37), ne fut pas aussi considérable qu'il l'avait été en 1342 ; mais leurs mutations furent d'autant plus dommageables qu'elles furent alternatives. Ainsi la monnaie fut deux fois affaiblie, le 27 avril 1346 et le 24 février 1347 ; elle fut ensuite rehaussée le 3 janvier 1348 pour être encore affaiblie le 25 août, le 18 décembre et le 15 janvier... La valeur de la livre varia ainsi fréquemment, et, comme la valeur légale des pièces d'or et celle des pièces d'argent ne furent pas réglées proportionnellement, le rapport entre les deux métaux fut lui-même soumis à des variations plus grandes qu'il ne l'avait été depuis 1342. »

Il est intéressant de mettre la valeur officielle de la livre tournois en regard de celle que lui donnent les comptes de la Chaise-Dieu, le denier d'or à l'écu étant pris pour étalon :

Valeur de la livre tournois comparée à l'écu d'or
dans les comptes de la Chaise-Dieu.

Novembre 1345.	16 s. 8 d.
De décembre 1345 au mercredi des Cendres 1346.	17 s.
Mardi saint 1346.	17 s. 9 d.
De Pâques à la Pentecôte.	16 s. 8 d. et 17 s.
De la Pentecôte au 15 août.	18 s.
Du 15 août au 29 septembre.	18 s. 6 d.
11 novembre 1346.	20 s. (1 livre).
Mercredi des Cendres 1347.	22 s. 8 d.
Pentecôte 1347.	29, 30 et 31 s.
Novembre 1347.	33 s.
Décembre 1347.	36 s.

La valeur de l'écu d'or augmente ici à peu près dans la proportion de la décroissance de la livre, dans une proportion plus forte même à partir du milieu de l'année 1347, parce que le public, en face des affaiblissements officiels et imprévus de la monnaie, était porté à exagérer la valeur des anciennes espèces et à déprécier d'autant les monnaies courantes, ce qui obligeait alors le gouvernement à relever le titre de celles-ci, quitte à l'abaisser un peu plus tard quand le public les avait pleinement adoptées. Les ordonnances royales, qui décriaient les anciennes espèces d'or pour en mettre de nouvelles en circulation (florin Georges, 27 avril 1346 ; denier d'or à la chaise, 2 octobre 1346) demeuraient sans grand effet. On aurait eu avantage à vendre ces anciennes espèces d'or comme billon aux hôtels des monnaies, mais on préférait en élever le cours, et il s'établit ainsi en France, à partir de 1344, un cours volontaire de l'or différent du cours légal (cf. Wailly, *Étude sur les variations de la livre tournois*). C'est ce cours volontaire de l'or que l'on voit monter si haut à la fin de 1347, contrairement à l'expresse volonté de Philippe VI, qui aurait voulu voir porté et vendu aux hôtels des monnaies le denier d'or à l'écu démonétisé, et qui se plaignait en 1346 du cours illégal de 22 sous tournois donné à cette espèce (Mandement du 17 décembre au prévôt de Paris, cité par Vuitry, *loc. cit.*).

nayées tant d'or que d'argent, de 1346, l'année mémorable du désastre de Crécy, à 1350. On verra plus loin que la diminution de salaire qui résultait de ces expédients monétaires, quoique la valeur nominale des espèces demeurât la même, n'était point du goût des maîtres et des ouvriers de l'abbaye.

Le compte spécial des *Expensa fabrice monasterii Case Dei* prend fin, comme nous l'avons dit, avec l'année 1347, et c'est dans les registres caméraux de la cour apostolique qu'il a fallu chercher les mentions, naturellement peu explicites, qui se rapportent aux années suivantes. Il n'y a plus trace des recettes de Guillaume Michel, lesquelles d'ailleurs n'avaient rien à nous apprendre sur le détail des travaux de l'église et leur architecte.

II

C'était, jusqu'à ces dernières années, un nom nouveau dans l'histoire de l'art français du moyen âge que celui d'Hugues Morel (en latin *Hugo Morelli* ou *Maurelli*), l'architecte de l'église de la Chaise-Dieu. Comme Guillaume de Cucuron, maître des œuvres de Jean XXII (1), comme Pierre Poisson, qui élevait en 1335 la chapelle de Benoît XII au palais papal d'Avignon, comme Jean Poisson, son frère, envoyé à Rome vers la même époque pour réparer les basiliques de Saint-Pierre et de Latran, comme les constructeurs du palais des papes d'Avignon, Jean de Loubières et Pierre Obréri (2), Hugues Morel était issu des provinces méridionales de la France actuelle, le Comtat, la Provence ou le Languedoc. Son prénom *Hugo*, rare en Italie, ne permet guère de le faire naître au delà des Alpes, non plus que le style assez caractéristique de son œuvre. Celle-ci se rattache évidemment à la même école que les églises gothiques de la première moitié du xive siècle de la région du bas Rhône et spécialement d'Avignon. Il est même très probable que Morel avait travaillé dans cette ville à quelque édifice d'importance et qu'il s'était ainsi recommandé au choix du pape pour l'érection de la basilique de la Chaise-Dieu. On retrouvera peut-être son nom attaché à l'une des églises d'Avignon ou du Comtat-Venaissin, dans les documents encore imparfaitement explorés des dépôts publics et privés de Vaucluse ou

(1) Sur ce maître et les deux suivants, voir notre étude sur *Les arts à la cour d'Avignon sous Clément V et Jean XXII* (Paris. Thorin, 1884, in-8°).

(2) L'existence de ce dernier, longtemps contestée, a été établie d'une manière solide par M. Duhamel *(Les architectes du palais des papes, Avignon. 1883)*.

dans les archives du Vatican. Mais pour nous les documents sont restés muets, et les comptes de la Chaise-Dieu ne disent rien sur le lieu de la naissance et de la résidence habituelle de cet artiste.

Tout ce qu'on entrevoit, c'est qu'il venait de loin et que, pour le déterminer à accepter plus volontiers de fixer sa demeure et de diriger les travaux en un pays qui, pas plus alors qu'aujourd'hui, ne pouvait passer pour un paradis terrestre, des avantages particuliers lui sont accordés. Il reçoit d'abord un salaire quotidien réglé par convention spéciale entre lui et l'administrateur ; aussi la quotité n'en est-elle pas inscrite dans les comptes généraux ; il devait être de 4 sous tournois qui vaudraient aujourd'hui 16 à 18 francs (1). Puis annuellement le prix : 1º de 4 setiers de seigle (évalués 52 sous tournois) ; 2º de 2 muids de vin (6 livres tournois)(2); 3º de la viande d'un bœuf entier (40 sous tournois) ; 4º du bois de chauffage nécessaire à sa maison (20 sous tournois) ; une indemnité de logement pour lui, sa femme et sa famille, et enfin des robes fourrées suivant ses besoins, précaution bien nécessaire à la Chaise-Dieu (3).

Telles étaient les conditions faites à Morel dès son entrée en fonctions ; il y en avait de semblables conclues avec deux autres maîtres de la fabrique *(magistri fabrice)*, dont un au moins, Pierre Falciat, était l'entrepreneur qui dirigeait en sous-ordre la tâche commune. L'autre se nommait Pierre de Cébazat. Pierre

---

(1) La somme de 7 livres et 10 sous tournois qu'on lui assigne, sur ses instantes réclamations, après une maladie de cinq semaines pendant laquelle on avait voulu supprimer son salaire, représente évidemment ce salaire. Il n'y a pas d'autre base pour le fixer.

(2) Environ 540 francs en valeur d'aujourd'hui. Le muid est actuellement dans le pays de 700 litres. Il a dû, à peu de chose près, rester ce qu'il était au moyen-âge.

(3) Pièces justificatives, nº II.—Ces évaluations sont celles que porte le compte pour la première année (1344). La monnaie s'affaiblissant d'année en année, le prix des objets augmente proportionnellement. En 1347, les 4 setiers de seigle valent 6 livres 12 sous tournois, les 2 muids de vin 10 livres, le bœuf 50 sous ; le reste à l'avenant. L'accroissement des évaluations était à peu près en rapport avec les dépréciations officielles des espèces ; mais les salaires n'étaient pas augmentés. De là les réclamations que maîtres et ouvriers adressèrent aux trésoriers Hugues d'Usson et Bertrand de Balens, prieur de Saint-Didier (qui avait remplacé André Jouvenceau). On les satisfit par une gratification de 5 livres tournois. (Voir Pièces justificatives. nº II *in fine.*) Il est aisé de se rendre compte de l'excessive diminution infligée aux salaires par les expédients monétaires dont nous avons parlé plus haut.

Falciat recevait annuellement les mêmes indemnités d'entretien,
logement, chauffage, robes fourrées, etc., que Hugues Morel.
Toutefois, n'ayant pas, comme lui, de famille, il n'avait droit
qu'à un muid de vin. Sa pension annuelle était de 60 sous tournois, environ 270 francs ; et, sans que ses attributions soient bien
déterminées, il est certain que ce qui concernait la charpente
était, entre autres choses, de son ressort. Pierre de Cébazat, en
dehors de sa pension, ne recevait chaque année que son vêtement
de fourrures. Les deux premiers n'étaient pas logés dans les dépendances de l'abbaye, on louait pour eux à un prix assez élevé
(35 sous tournois, au moins 150 francs d'aujourd'hui) une maison
en ville.

Le séjour de ces maîtres à la Chaise-Dieu ne fut pas exempt
d'accidents. L'année 1347 fut marquée par une assez longue maladie
de Hugues Morel, qui demeura cinq semaines au lit. Cette maladie fut la source de quelques difficultés avec l'abbaye. Le trésorier avait suspendu, pendant sa durée, les appointements
du maître ; Hugues Morel, refusa de continuer sa parti-
cipation aux travaux de l'église. On lui compta une indemnité de 7 livres 10 sous tournois (1), et tout s'arrangea. Pierre
Falciat fut moins heureux. Le 17 août de cette même année 1347,
il y eut une terrible chute d'échafaudages ; Falciat fut précipité
sur le sol avec vingt manœuvres. Le compte n'établit pas la proportion des morts et des blessés ; il relate seulement que ces
malheureux furent brisés (*cassati*), c'est-à-dire qu'il y eut bien
des membres rompus et des vies compromises. L'abbaye les fit
soigner à grands frais par un chirurgien venu de Brioude, maître
Raymond, et par un barbier du nom de Hugues (2). Falciat en
réchappa-t-il ? Les comptes manquant à partir de 1348, il est
impossible de le savoir.

(1) Pièces justificatives, n° II, *in fine*.

(2) Voici l'extrait du compte : « Item, anno quo supra [1347] et die xvii mensis augusti
fregerunt statgia dicte fabrice, ubi cassati fuerunt xx^u magnopere et magister Petrus
Falciati, pro quibus solvi magistro Raymondo de Brivata, surgiano, et Hugoni, barbi
tonsori, et dicto Servel, et pro implaustris ipsorum, xvii l. ix s. tur. » (fol. 65 v°).

Pour maître Pierre de Cébazat, *de Sabaçaco* (1), il est désigné trois fois dans les comptes aux années 1344, 1345 et 1346, avec le titre de *magister ecclesie Clar[omontensis]* ou *magister fabrice Clar[omontensis]*. Est-ce bien *Claromontensis* qu'il faut lire sous la forme abrégée *Clar?* Cela ne semble pas douteux. Pierre, appelé de Cébazat du nom de son village, devait être le maître des œuvres de la cathédrale de Clermont à laquelle on travaillait alors. Le pape Clément VI s'intéressait à la construction des deux églises. Une bulle de cette même année 1344 accorde un an et quarante jours d'indulgence à ceux qui contribueront pécuniairement à l'achèvement de la cathédrale de Clermont (2). Pendant cette année et les deux suivantes, on attendit très probablement que cette promesse de faveurs spirituelles eût porté fruit ; il y eut interruption des travaux, et Pierre de Cébazat put assister dans l'exécution de l'église de la Chaise-Dieu Hugues Morel, formellement nommé le maître principal de l'œuvre, *magister principalis operis* (3). Collaborateur momentané, Pierre de Cébazat disparaît à partir de 1346. Encore pendant ces trois années ne dut-il pas résider à la Chaise-Dieu d'une manière constante, comme les deux autres maîtres, car il ne jouit pas des indemnités de logement et d'entretien stipulées plus haut, mais seulement d'appointements annuels de 10 livres tournois (environ

(1) Il y a un Sébazac dans l'Aveyron, commune de Rodez ; mais c'est un hameau sans importance dont un maître d'œuvres, travaillant loin de son pays, n'aurait pas pris le nom. Il s'agit plutôt de Cébazat, gros bourg, déjà considérable au xiv⁰ siècle, qui est situé à quelques kilomètres au nord de Clermont. Sa proximité de la capitale de l'Auvergne ajoute à la probabilité de cette identification.

(2) Une tradition, dont nous n'avons pas à discuter la valeur, mentionne une consécration de l'église en 1341. L'auteur anonyme de la *Description historique et archéologique de la cathédrale de Clermont* (Clermont-Ferrand, 1865) se fonde, pour la révoquer en doute, sur la bulle d'indulgences de 1344. Il n'y a là cependant rien de contradictoire. L'abside, qui compose plus de la moitié de l'édifice en longueur, formant ainsi à elle seule une véritable église, était achevée, intérieurement au moins, en 1341. Les exemples abondent de sanctuaires livrés au culte, tandis que les travaux continuent dans la nef, séparée du reste par une clôture provisoire.

(3) Une association ainsi composée d'un directeur général permanent des travaux et d'un contrôleur technique intermittent n'était point aussi rare qu'aujourd'hui. Sauval (*Antiquités de Paris*, t. I, p. 230) nous montre, d'après un arrêt du parlement, Didier de Felin et frà Giocondo associés de la sorte pour la reconstruction du pont Notre-Dame (1499-1510). Le premier est « maître principal touchant la surintendance de l'œuvre de maçonnerie » le second « commis à soy donner garde sur la forme d'icelui pont ». (Cf Leroux de Lincy, dans la *Bibl. de l'Ecole des Chartes*, t. VII, 1845-1846.) Il nous semble que cela correspond assez bien avec la situation respective de Hugues Morel et de Pierre de Cébazat.

900 francs) (1).

Il est inutile de chercher dans le rapprochement de certains détails de construction à la cathédrale de Clermont et à l'église de la Chaise-Dieu la trace de l'inspiration personnelle de Pierre de Cébazat. A Clermont, il poursuivait l'œuvre commencée un siècle auparavant par Jean Deschamps, subordonnant ses propres conceptions au plan primitif, à la tâche déjà accomplie et aux traditions transmises par les générations précédentes, ne marquant son initiative que dans la décoration ou dans des formes secondaires de construction. A la Chaise-Dieu, l'église devait être érigée d'un seul jet, sur un plan et dans un style uniques; mais Pierre de Cébazat ne tenait pas le premier rang. D'un mérite égal peut-être à celui de Hugues Morel, il ne fit que lui prêter son concours; rien donc, à la Chaise-Dieu, ne permet de caractériser ses procédés et d'évaluer son talent. Qu'il nous suffise d'avoir rendu à la lumière le nom de ce vieux maître auvergnat, l'un des successeurs de Jean Deschamps dans l'érection de la belle église métropolitaine de l'Auvergne (2).

Sous les ordres de ces trois maîtres travaillaient des ouvriers en nombre variable, dont quelques-uns sont nommés dans les comptes du trésorier parce qu'ils recevaient leur salaire à l'année et des indemnités d'entretien. On trouvera leurs noms, pour peu que l'on en soit curieux, dans les fragments de comptes publiés à la suite de cette étude. D'autres seront cités avec le détail des travaux qui ont rempli ces quatre années.

Il s'agissait d'abord de renverser l'ancienne église romane, con-

---

(1) Pièces justificatives, n° II, *passim*.

(2) Les parties de celle-ci dont la construction, en raison de leur date, pourrait être attribuée à Pierre de Cébazat sont : à l'intérieur, une portion considérable des trois travées de nef qui précèdent le transept, et les chapelles qui s'ouvrent sur les collatéraux de la nef au nord et au midi ; à l'extérieur, les clôtures correspondantes, sauf la clôture de la troisième chapelle de la basse nef du midi qui appartient au xv° siècle ; la façade méridionale entière, dont la rose seule est un peu postérieure ; plusieurs détails de la façade septentrionale, comme la rose, le trumeau du portail. Si l'on tenait absolument à chercher des analogies entre l'église de Saint-Robert et la cathédrale de Clermont, on en trouverait, pour le plan général, dans les chapelles pentagonales de l'abside, et pour les détails d'exécution, dans les clefs de voûte enguirlandées. Mais ce sont là des traits communs à beaucoup d'églises de la même époque. Pierre de Cébazat ne pourrait-il aussi avoir pris part à la construction de l'église de Montferrand, élevée dans la seconde moitié du xiv° siècle, et qui présente, comme celle de la Chaise-Dieu, des contreforts sans arcs-boutants apparents et des fenêtres à un seul meneau ?

struite avec l'abbaye même au temps de saint Robert, trois siècles auparavant ; endommagée par les ans et le climat, elle ne suffisait plus aux exigences du culte et au nombre des religieux. Le manuscrit de dom Tiolier dit que Jean de Chandorat (c'est Renaud de Montclar qu'il faut lire) adossa la nef de l'église nouvelle à l'église ancienne. Celle-ci aurait donc été située à l'est ou au sud-est de l'église actuelle, avec sa façade à l'occident. Il est en tout cas certain qu'elle n'était point assise au même lieu, puisque ce n'est pas avant 1346 qu'on jeta à bas la nef et les clochers, alors que les fondations de la nouvelle église étaient creusées, au moins en partie, depuis deux ans déjà. On réserva soigneusement dans la démolition les pierres de taille et les moellons. Le registre donne bien en cet endroit quelques indications topographiques, mais les bouleversements que les lieux ont subis depuis le xive siècle les rendent superflues (1).

Une fois commencée, la maçonnerie de l'œuvre fut conduite avec une rapidité vraiment surprenante (2), quand on songe à la difficulté des moyens de communication et à l'âpreté d'un climat où il n'était guère possible de travailler plus des deux tiers de l'année. Le 25 novembre 1346, deux ans (3) à peine après la pose de la première pierre, on paye à Pons Sigaut et à Martin de Chalancon 62 livres tournois pour les échafaudages et cintres nécessaires à l'établissement de la voûte de l'église « jusqu'à l'autel de la Sainte-Croix » ; et peu après le trésorier compte le total des sommes dépensées pour la charpente des voûtes de l'église et la toiture du sanctuaire (4).

Il s'en fallait cependant que tout fût achevé avec le gros œuvre ; comme il arrive ordinairement, l'ornementation intérieure et extérieure ne dura pas moins que la construction proprement dite.

---

(1) Pièces justificatives, n° III. — Cf. le plan.

(2) On s'est imaginé longtemps que les constructeurs du moyen âge travaillaient très lentement. Il n'en est rien. Ce qui est vrai, c'est que, faute de ressources ou par suite de guerres, de calamités publiques, des édifices commencés étaient interrompus pendant un demi-siècle, puis repris, abandonnés, poursuivis encore. A la Chaise-Dieu, où aucune de ces causes de trouble n'exista, les travaux suivirent leur cours normal.

(3) Le 14 novembre 1344, les comptes parlent encore de l'aplanissement de l'aire *in qua edificabitur ecclesia*.

(4) F° 59 v°.

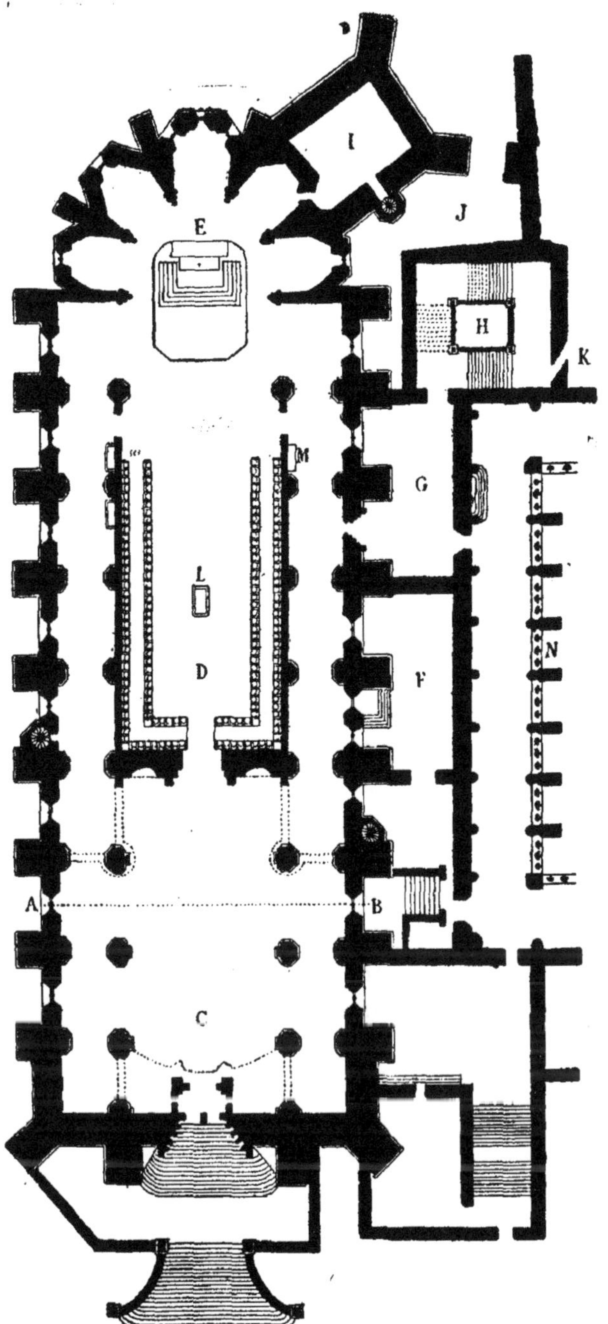

LÉGENDE

AB. Limite de l'église construite sous Clément VI.

C. Dernières travées érigées
sous Grégoire XI.

D. Chœur des religieux.

E. Presbyterium.

F. Sacristie.

G. Vestibule.

H. Grand escalier.

I. Tour Clémentine.

J. Emplacement approxi-
matif de l'ancien clo-
cher.

K. Emplacement de la cha-
pelle du collège Gré-
gorien.

L. Tombeau de Clément VI.

M. Tombeau dit de Renaud
de Montclar.

N. Cloître.

PLAN DE L'ÉGLISE DE LA CHAISE-DIEU

Quoique le témoignage des comptes manque pour en fixer le terme, nous ne croyons pas que l'église de Clément VI (moins les trois dernières travées (1), bien entendu) ait été terminée avant 1350. C'est seulement en 1350, comme on le verra plus loin, que le pape envoie d'Avignon les tableaux exécutés par son peintre ordinaire pour les huit autels de la basilique. Y a-t-il lieu de s'en étonner quand on connaît l'architecture gothique, laquelle, mieux que toute autre, peut être définie « une décoration qui se construit » ? Il est bien vrai qu'à la Chaise-Dieu le style rayonnant se distingue par une sévérité exceptionnelle à laquelle beaucoup de causes contribuaient. Les exigences de la température et de l'altitude provoquaient l'élévation d'énormes piliers intérieurs et d'épais contreforts extérieurs en glacis, sans arcs-boutants apparents ; elles ne permettaient que des ouvertures rares et étroites, laissant passage à un jour parcimonieux, et rendant stérile, dans ce vaisseau peu éclairé, tout effort de décoration compliquée. L'architecte demeurait fidèle aux traditions de l'école à laquelle il appartenait, en supprimant les chapiteaux ou en les réduisant à la plus rudimentaire expression, en faisant naître par pénétration dans le sommet du pilier les nervures des voûtes, en abaissant le tiers-point de celles-ci à une proportion voisine du plein cintre, en accordant aux pleins une grande prédominance sur les vides. La pierre du pays elle-même, d'un grain assez grossier, se prêtait mal à l'ornementation. Peut-être enfin les religieux de la Chaise-Dieu se souvenaient-ils des paroles sévères par lesquelles saint Bernard, deux siècles auparavant, avait condamné chez les bénédictins de Cluny le luxe des églises ; peut-être désiraient-ils que cette nouvelle *maison de Dieu*, majestueuse par les dimensions et imposante par les lignes générales, ne portât point la livrée d'une magnificence réprouvée par l'austérité de la vie claustrale. Ce parti pris n'excluait pas la bonne exécution des ouvrages auxquels leur destination imposait de la délicatesse, tels que les meneaux des fenêtres en lancettes, les clefs de voûte portant l'écusson des Beaufort ou des scènes comme le couronnement de la Vierge, les croisées d'ogive et les autels des chapelles absidales, les chambranles et les linteaux des portes latérales ; au dehors,

(1) Voir le plan en C.

les gargouilles, les balustrades simulées, les fleurons du couronnement. Souvent, comme le remarque Viollet-le-Duc, la sculpture d'ornement est, dans les édifices de ce temps, si bien liée aux formes de l'architecture, qu'on ne sait où finit le travail du tailleur de pierre et où commence celui du sculpteur. Un fragment de nos registres nous fait connaître les principaux auteurs de ces parties (1). Ils n'étaient que de simples tailleurs de pierre ; mais quelle habileté et quelle science technique chez ce Robin de Champ-Villier, qui sculpte l'encadrement et les meneaux des fenêtres du chœur ; chez ce Pierre Bordeys ou Bordier, qui est chargé de faire quatre gargouilles et quatre clefs de voûte pour les chapelles du sanctuaire ; chez ces Jean Lauret, Jean Auzepi, Raufet Bordier, qui travaillent aussi aux encadrements des verrières du sanctuaire, Michel Eschayrosa, Jean Valanti ou Valantin, Jacques Delmas, Jean Dant, Hugues Faremont, Pierre de Saint-Flour, Jean de Nolhac et Durand Galvaulier, modestes et fidèles interprètes du plan des maîtres, qui ajustent sur de fines arêtes les pierres appareillées, et raccordent, sous l'angle prescrit, les nervures des voûtes avec les colonnes engagées des pieds-droits.

Les dépendances immédiates de l'église, entrant évidemment dans le cadre prévu par les largesses du souverain pontife, étaient la sacristie *(sagrestania)*, le clocher ou les clochers, la chapelle des religieux constitués en collégiale par Clément VI pour chanter les louanges de la sainte Vierge.

La sacristie, située à droite de l'église, le long du collatéral sud (2), est aujourd'hui toute en ruines. Il est aisé cependant de juger de ses dimensions ; elles étaient grandes, sa voûte étant soutenue par deux piliers de milieu, portant doubleaux et ogives. Dix livres tournois sont payées, pour les établir, à Robin de Champ-Villier, le 5 septembre 1346 (3).

Dans le projet agréé par Clément VI, l'église devait certainement être terminée à l'ouest par une façade monumentale et par

---

(1) Voir Pièces justificatives, n° IV. Ce fragment, intéressant comme document et comme texte, est écrit moitié en roman languedocien, moitié en latin.

(2) En F sur le plan.

(3) F° 73 v°.

deux clochers. En réalité cela eut-il lieu ? Dom Tiolier l'affirme, en appuyant son dire sur de prétendues « vieilles pancartes » qui auraient montré ainsi la représentation d'une église plus courte de trois travées (1). Mais il est difficile d'admettre que les moines de la Chaise-Dieu aient abattu, de gaieté de cœur, quelque vingt ans après leur érection, cette façade et ces clochers, à seule fin d'agrandir l'espace réservé dans leur église aux fidèles (la partie construite suffisant largement à leurs propres besoins), mutilation en tout cas bien regrettable, car Hugues Morel et Pierre de Cébazat eussent été, à n'en pas douter, plus heureusement inspirés que l'auteur de la façade actuelle. Il vaut mieux croire que le dessin des vieilles pancartes était incorrect ou qu'il a été mal interprété. Le compte en effet ne laisse rien pressentir de semblable. On n'y voit élevé qu'un seul clocher *in prato juxta capellam beate Marie (dans le pré* ou plutôt *dans le préau proche la chapelle de Notre-Dame)*, et ce clocher, aussi bien par sa situation que par la modicité des sommes affectées à sa construction, présente tous les caractères du provisoire. On installe et l'on paye (4 juillet 1346) sa charpente (2) à Pons Sigaut et à Martin de Chalancon, charpentiers de l'église, cinq mois avant qu'ils aient livré la première portion de la couverture de la nef. Il est peu commun que le clocher d'une église soit terminé avant la nef et que la façade ne marche pas de pair avec l'intérieur de l'édifice. J'ose donc assurer que ce clocher n'était pas sur la façade, provisoire elle-même, de l'église de Clément VI ; et si l'on admet que la *capella beate Marie*, près de laquelle le compte l'installe, était précisément la collégiale dont il est ci-dessous question, le clocher se serait élevé au sud-est de l'église actuelle, vers l'extrémité du collatéral de droite (3).

C'est à Jean de Chandorat que les histoires manuscrites de l'abbaye et M. Branche, sur leur témoignage, attribuent la construction de la petite collégiale dédiée à Notre-Dame ; cette chapelle,

---

(1) Terminée un peu au-dessus de la ligne AB du plan. Avant la récente réfection de la toiture, on voyait là les traces d'un clocher dans les combles, et celles d'une ouverture dans la voûte pour la sonnerie des cloches (Rapport manusc. de M. l'architecte Bruyerre au ministre des Beaux-Arts, 1870). Ce clocher était assurément peu important.

(2) 11 livres et 3 sous tournois (Pièces justificatives, n° III).

(3) En J du plan.

à la suite des dons matériels et des faveurs spirituelles dont Grégoire XI l'enrichit, prit le nom de chapelle du collège Grégorien (1), quoique la dotation pécuniaire des chapelains fût due à Clément VI. L'abbé Jean de Chandorat quitta en 1342 le gouvernement de l'abbaye, mais son œuvre n'était pas de tous points achevée ; on la retrouve indiquée dans les comptes généraux de l'église et spécialement au chapitre des vitraux. Cette chapelle, voûtée d'ogive, avec un petit chœur séparé et entouré de stalles, s'élevait au levant du cloître (en K). Devenue plus tard l'église des novices, elle reçut au xviiie siècle, dans ses murs encore debout, la dépouille mortelle du vieil évêque janséniste Soanen (2).

Il est souvent question du *presbyterium* comme si c'était une construction distincte de l'ensemble de l'église (3). Il n'en est rien. Le *presbyterium* est ce qu'on appellerait aujourd'hui le sanctuaire, le lieu où se trouve l'autel, où se tiennent les prêtres pendant les cérémonies du culte (4), et dans l'espèce, le lieu compris entre l'ouverture des cinq chapelles de l'abside et les premiers piliers de la nef (en E). C'était la première partie à terminer, à vitrer, à couvrir, d'autant que sa toiture rayonnante exigeait une disposition de charpente toute différente de celle de la nef. Le *presbyterium* fut achevé en 1346.

La qualité, la provenance, les moyens de transport des matériaux employés, pierre, bois et fer, ne sont pas les détails les moins intéressants à connaître.

Il entre dans la construction de l'église des pierres de diverses qualités, des grès, des fragments de roches volcaniques et surtout du granit. Le compte ne laisse pourtant apercevoir aucune division de cette sorte , c'est seulement par leur dimension et leurs

---

(1) Comme on appela plus tard tour Clémentine le donjon de défense construit par l'abbé André de Chanac plusieurs années après la mort de Clément VI.

(2) Il y avait une autre chapelle dans l'enceinte du monastère, dédiée à saint Benoit et fondée par Astorge, abbé de Saint-Théodard de Montauban. Au commencement du xvie siècle, l'abbé Jacques de Saint-Nectaire en consacra une troisième dite *de l'infirmerie.*

(3) F^{os} 61, 64, 71. Pièces justificatives, n°s IV, V, VI.

(4) « Presbyterium, dit du Cange, pars ecclesiæ in qua presbyteri consistunt et sacræ liturgiæ vacant, quod quidem presbyterium cancellis distinguebatur a reliqua æde. » L'abbé Martigny, au mot *Basilique* de son dictionnaire, en fait le synonyme de *chorus* · C'est bien en effet ce qu'aujourd'hui on appelle vulgairement le chœur.

formes qu'elles sont distinguées. L'abbaye possédait des carrières dans ses vastes possessions territoriales, en particulier sur les bords de la Senoueire (*apud Cenoyre*) (1), d'où l'on extrayait aussi du sable. Elle en tirait deux espèces de pierre, les *lapides de communibus* (2), pierres ordinaires, destinées à servir de noyau entre deux revêtements de moellons, puis les *lapides de molle* qui étaient employées à ce second usage. A côté de ces deux catégories, il faut, pour l'érection des piliers de la nef, des blocs d'une grandeur exceptionnelle. Un certain Jean Bosc dit Palapeystel fournit 550 de ces *magni lapides*. Quelques-uns, que le compte appelle *cayres* (coins), doivent occuper la moitié du pilier ; le même Bosc en fournit 400. Il en est aussi qui, pour recevoir à l'extrémité des pieds-droits la portée des voûtes (*per los encharʒamens*), exigent plus de résistance ; ceux-ci valent 20 deniers la pièce. Un certain nombre de morceaux d'un grain plus fin étaient utilisés pour les ouvrages délicats, nervures et clefs de voûte, meneaux de fenêtres, encadrements de verrières, etc. ; et c'est évidemment ceux que le compte désigne par les noms de *chambas* (jambages), *veyrias* (verrières), *oʒivas* (ogives), *doblens* (doubleaux), *volsers* (voussoirs), *crotenchas*, etc. (3)

Il est à remarquer que, contrairement au préjugé communément répandu, aucune des tâches d'extraction, de taille, de transport n'est exécutée par voie de corvées exigées des tenanciers du monastère, et que nulle fraction des matériaux n'est obtenue gratuitement à titre de redevance. Le travail est partout libre et largement rétribué. Du 15 mai au 15 novembre 1344, l'extraction dans les carrières appartenant à l'abbaye coûte 2365 livres tournois (42.500 francs qui en vaudraient cinq fois plus aujourd'hui) ; l'acquisition des pierres au dehors 1365 livres (24.500 francs) ; et

____

(1) C'est une petite rivière, tributaire de l'Allier, qui, après avoir pris sa source à 500 mètres à l'est de la Chaise-Dieu, coule du sud au nord, puis, par un brusque détour, se met à couler du nord au sud à partir de la Chapelle-Geneste, contournant ainsi le plateau élevé de la Chaise-Dieu. Des carrières de pierre et de sable sont encore exploitées en divers points de ses bords.

(2) Sur le même rang que les *lapides de communibus* figurent dans le compte des *lapides d'cysselars (aisseliers)* et des *lapides de chanters*, dont il est assez difficile de définir la nature ou le rôle dans la construction.

(3) F^{os} 10 à 17.

les transports, naturellement dispendieux en ce lieu élevé avec la difficulté des chemins et l'âpreté des saisons, 1218 livres en chiffres ronds (22.000 francs) (1).

Le sable était apporté du lit de la Senoueire sous La Chau (2); la chaux venait du Puy, quoique en 1345 l'abbé Renaud eût fait construire un four particulier au Charrouil près de Loudes (3).

Les bois n'étaient pas éloignés. L'administrateur de la fabrique n'avait que l'embarras du choix parmi les possessions de l'abbaye aux abords de la Chaise-Dieu. Encore fallait-il abattre et transporter les arbres fournis par les forêts de Lamandie, de Cistrières, d'Arfeuille. Souvent aussi le monastère, soit qu'il ne rencontrât point dans ses propres domaines des pièces d'une dimension convenable, soit qu'il tint à procurer du travail et de l'aisance aux habitants du pays, achète des bois à d'autres propriétaires (4).

Les forgerons de la Chaise-Dieu, d'Allègre, de Craponne, du Puy, de Langeac, de Saint-Bonnet-en-Forez, de Pontempérat *(Podius empeyrat*, Puy empierré) sont mis à contribution pour le fer ; le plomb et le bronze (*metallum*), l'acier ou calibe (de l'arabe *kalib*, moule) apporté en « ballons » sont achetés des mêmes fabricants ou demandés à des villes lointaines, telles que Limoges (5).

Si le cadre de cette notice ne comporte pas une description en règle de l'œuvre architectonique, quelques indications permettront d'en préciser le caractère, d'insister sur le talent et le style personnel de Hugues Morel. Il serait puéril d'essayer une com-

(1) « Anno Domini м° ccc° xLIII° et die vi mensis maii, solvi Johanni Boscho pro preparanda via per quam itur apud Cenoyre, pro currubus lenius cum arena et lapidibus protrahendis ad dictam fabricam, xvi s. vi. d. » (f° 61 v°).

(2) Coût du transport, 185 liv. 2 s. 1 d. (f°ᵃ 44 à 48). Le texte dit *sous la Chalm.* Aucune localité voisine ne se rapproche de cette dénomination, sinon le village actuel de La Chau, à 2500 mètres ouest de la Chaise-Dieu.

(3) « Apud lo Charolh sive Lode » (f° 48). Loudes, ch.-l. de canton de l'arrondissement du Puy.

(4) « Item anno quo supra et die prima mensis aprilis, solvi Garino de Jagonas, pro xxxvi chabros (chevrons) de sap (sapin) de ipsius nemore, xxxvii s. tur. » (f° 58 r°).

(5) « Item anno quo supra (1346), solvi domino Aymuino de Fayabrunet pro Lxxiv lib. de asserio de boyra, quas misit de partibus Lemovicensibus, xxxvii s. » (f° 52).—« Item anno et die predictis, solvi Guillelmo Le Bichayreyr de Anicio, pro uno quintallo ix lib. et quarteyra de metallo, ad faciendum duas poleyas per los torns (poulies pour les tours), v l. xviii s. v d.»

paraison entre notre église, qui appartient au gothique du Midi, et les monuments antérieurs ou contemporains des écoles de l'Ile-de-France, de la Normandie, de la Champagne, etc. En passant du Nord dans le Midi, les procédés de construction inaugurés par celles-ci à la fin du XIIᵉ siècle et perfectionnés au siècle suivant, ont subi de si profondes modifications (particulièrement à la Chaise-Dieu) qu'on a pu dire, non sans quelque apparence de raison, que le véritable style gothique n'avait jamais été pratiqué au sud de la Loire et dans la région du bas Rhône (1) ; ce sont précisément ces différences qui rendent tout rapprochement inutile. Le style gothique, tel que l'ont interprété les constructeurs méridionaux avec le génie propre à leur sol et sous l'influence des principes exprimés dans les beaux édifices romans qu'ils avaient devant les yeux, n'offre pas sans doute les mêmes qualités de hardiesse et de légèreté dans la structure, de souplesse et de grâce dans les détails de la décoration, de délicatesse dans les ouvertures, et d'éclat dans les vitraux qui les garnissent ; mais il a ses qualités propres d'ampleur, de gravité, de correction quasi classique. En tout cas il est ce qu'il est. Pour le juger, il faut admettre d'abord son parti pris, et interroger ensuite les monuments, non sur leur plus ou moins grande conformité aux règles de l'architecture du Nord, mais sur leur mérite intrinsèque, sur leur appropriation à leur fin, sur l'impression qu'ils produisent en dépit de moyens restreints, de conditions imposées et de matériaux souvent rebelles. C'est à ce point de vue qu'on doit se placer en abordant la Chaise-Dieu.

Rien à dire de la façade massive et assez disgracieuse avec ses tours privées de flèches. Postérieure de quelque trente ans à la véritable église de Clément VI, elle accuse, malgré une imitation relativement fidèle des formes de l'édifice antérieur, une direction différente (2). Elle saisit néanmoins par sa hauteur, qu'augmente encore l'escalier de quarante marches à gravir pour

---

(1) Mérimée, *Notes d'un voyage en Auvergne* et *Notes d'un voyage dans le midi de la France*, passim.

(2) Sa partie centrale, endommagée par la foudre en 1497, porte dans le détail les caractères de la fin du XVᵉ siècle. Elle est plus ornée que le reste de l'édifice.

atteindre son portail, par un singulier aspect de grandeur qu'elle doit à son air de vétusté et d'abandon, à la sombre couleur de ses murailles se découpant sur un ciel habituellement couvert, autant qu'à ses dimensions, à ses lignes, à la simplicité de sa décoration. L'intérieur est vaste ; il mesure dans œuvre 75^{m}63 de longueur, 24^{m}20 de largeur et 18^{m}65 de hauteur sous clef ; la largeur de la nef est de 14^{m}89(1). Elle est divisée dans sa longueur en neuf travées par seize gros piliers de forme octogonale, sauf aux trois dernières travées, proches de l'entrée, où leur plan est particulier. Les piliers de ces trois dernières travées reçoivent les doubleaux de la grande nef sur une saillie du pied-droit, à laquelle il manque un chapiteau pour être un pilastre; mais, dans les autres travées de la nef et dans celles des collatéraux, tous les arcs ainsi que leurs nervures se perdent par pénétration dans les piliers au point de naissance de la voûte. La hauteur de celle-ci est peu différente pour les trois vaisseaux et son tiers-point est si ouvert qu'il confine au plein-cintre; l'édifice paraît d'autant plus large que l'œil embrasse d'un seul coup ces trois nefs, sans que des parois ajourées, s'élevant au-dessus des arcades qui limitent la principale, la distinguent de ses deux voisines. Aussi, quand on y pénètre pour la première fois, trouve-t-on que son incontestable majesté n'est pas exempte de lourdeur et que la sévérité de ces murs gris, sans ornements, est aggravée par la rigueur de toutes les lignes et par l'affaissement de la couverture. Le jour ne pénétrant que par les baies étroites (divisées en deux compartiments par un meneau surmonté d'un oculus à six lobes) des nefs latérales et par les verrières de l'abside, dont les murs du jubé interceptent la

(1) La largeur totale dans œuvre est de 24^{m}50. La comparaison de ces dimensions avec celles d'autres églises rend sensible le peu d'élévation de la voûte par rapport à la largeur de la nef. A la cathédrale de Reims : largeur de la nef, d'axe en axe des piliers, 15^{m}26; hauteur sous clef, 38^{m}33 ; longueur dans œuvre, 138^{m}94. Cathédrale d'Amiens: largeur, 14^{m}60 ; hauteur 42^{m}50 ; longueur, 134^{m}80. Cathédrale de Cologne : largeur. 14^{m}75 ; hauteur, 43^{m}93 ; longueur, 133^{m}46. — Dans ces deux dernières, la largeur de la nef est moindre qu'à notre église, et quelle différence de hauteur et de longueur !

clarté (1), l'atmosphère obscure et froide de l'église ajoute à cette impression. Mais on a vite fait de se familiariser avec cette austérité, beaucoup moins accentuée d'ailleurs quand une décoration polychrome, dont on retrouve les vestiges en certains endroits des nervures, et dont l'humidité dut avoir promptement raison, rendait la voûte plus légère à l'œil. Le jubé du xv⁰ siècle, en rompant très mal à propos la perspective, altère de son côté l'effet primitif.

Ainsi les caractères dignes de remarque de l'édifice à l'intérieur sont : 1⁰ l'absence totale de chapiteaux dans les piliers, la forme de ceux-ci et leur pénétration par les nervures de la voûte sans qu'elles soient reçues par aucune colonnette faisant saillie et leur servant de prolongement le long du pied-droit ; 2⁰ la hauteur presque égale des trois nefs et la tendance de la principale au plein-cintre, en raison de sa largeur. A l'extérieur, des contreforts sans arcs-boutants, appliqués contre les murs latéraux jusqu'à la naissance du toit, disposition qui résulte presque nécessairement de l'égalité des nefs et de l'absence de chapelles en dehors des collatéraux.

Disons un mot des réminiscences et des principes que ces caractères accusent.

On a voulu voir dans ces piliers sans chapiteaux une particularité des églises de l'Ordre teutonique, dont on rapprocherait ainsi la basilique de la Chaise-Dieu (2). C'est être trop exclusif. Cette disposition est en effet inconnue aux architectes français du nord de la Loire avant le xv⁰ siècle ; mais dans

---

(1) L'orgue cache l'ouverture en tiers-point, plus large, de la façade. C'est évidemment à la situation de cet édifice, construit à 1065 mètres d'altitude, autant qu'aux habitudes du gothique méridional qu'il convient d'attribuer l'étroitesse des ouvertures, et, dans les chapelles absidales où leur largeur est augmentée, les meneaux horizontaux qui en divisent la hauteur ; pour résister aux ouragans, les vitres avaient besoin d'encadrements solides et rapprochés. Les églises du Comtat-Venaissin et de la Provence fournissent d'ailleurs des exemples de cette double disposition. A Saint-Didier d'Avignon, qui offre de nombreux traits de ressemblance avec la Chaise-Dieu, les fenêtres sont en lancettes, divisées par un seul meneau en deux étroites baies géminées terminées en trèfle à leur sommet ; l'oculus qui les surmonte est un quatre-feuilles : c'est la seule différence essentielle avec notre église, où l'oculus a six feuilles. A la célèbre église de Saint-Maximin (Var), les fenêtres de la nef et de l'abside sont coupées par un meneau horizontal. Cette église aurait été commencée en 1279.

(2) L'abbé Bonnefoy, *L'abbaye de Saint-Robert*, etc.

l'ancienne Aquitaine, en Provence et surtout à Avignon, il n' en est
pas de même. A Saint-Maximin, à Saint-Didier, que nous avons
eu déjà l'occasion de citer, à la Chartreuse de Villeneuve, il n'y
a pas de chapiteaux, mais une moulure, un simple anneau
qui conserve le souvenir du chapiteau sans en remplir la fonction.
Déjà les nervures des ogives, les dernières moulures des doubleaux et des formerets se perdent par pénétration dans le pied-
droit. De là à supprimer absolument le chapiteau, il n'y a qu'un
pas. Il a été franchi ailleurs qu'à la Chaise-Dieu. A l'abbaye de
Valmagne, dans le diocèse de Béziers (1), où l'église, commencée
en 1257, compte quelques parties datant du xive siècle, plusieurs
piliers sont dépourvus de chapiteaux. Encore à la Chaise-Dieu
retrouvons-nous la moulure terminale de Saint-Didier, n'enserrant
pas le support dans toute sa circonférence, mais recevant les re-
tombées des arcades latérales. Les ogives des collatéraux, au lieu
de se perdre dans le pilier comme celles de la nef, sont reçues et
terminées par un cul-de-lampe en forme de tête sculptée.

Reste le plan même de ces piliers octogonaux, lequel ne présente aucune saillie destinée à continuer les nervures de la voûte.
Il faut avouer qu'on en trouverait plutôt des exemples contemporains en Italie (2) et surtout en Allemagne (3) que dans le midi
de la France. Hugues Morel aurait-il donc fait son tour d'Europe
et rapporté des modèles des bords du Mein, du Weser et du
Rhin (4) ? S'est-il fortuitement rencontré avec les constructeurs
étrangers sans avoir vu leurs œuvres; s'est-il déterminé seulement,
dans le tracé rudimentaire du plan de ses piliers, par des consi-
dérations pratiques, la dureté des matériaux, l'obligation de bâtir
vite, ou encore par une intention formelle de simplicité manifes-

(1) Pendant le séjour des papes à Avignon, Béziers avait avec cette ville d'incessants
rapports. Un neveu de Clément VI, Hugues de La Jugie, au milieu du xive siècle, occupa
le siège épiscopal pendant vingt-deux ans (1349-1371).

(2) Santa-Croce de Florence, où il y a des chapiteaux.

(3) Église de Reutlingen (Souabe), 1247-1343 ; Sainte-Marie de Wurzbourg (Bavière)
1377.

(4) Dans les mêmes régions, en Westphalie, en Hanovre (église Saint-Georges à Hanovre
(1340?) les supports, colonnes ou piliers, n'ont souvent pas de chapiteau, mais seulement
une moulure ou une simple gorge.

tée par les intéressés, ou enfin par son goût personnel ? Les combinaisons originales d'un artiste présentent parfois de frappantes similitudes avec celles de contemporains qu'il ne s'est pas préoccupé d'imiter ou même qu'il n'a point connues ; il est inévitable, surtout avec un système de construction aussi fixe dans ses principes que l'architecture gothique, que l'identité des besoins à satisfaire amène les maîtres à se rencontrer dans les détails de la structure, dans l'emploi ou le rejet de certains éléments de décoration. Je ne me prononce ni pour l'une ni pour l'autre de ces hypothèses. Mais, pour expliquer la suppression des chapiteaux et le plan des piliers, il est inutile d'invoquer l'imitation des monuments d'outre-Rhin ; les traditions d'école de Morel, la nature des matériaux, les nécessités locales suffisent.

Il faut bien avouer que, dans un vaisseau de cette largeur, avec une voûte d'une telle ouverture et d'une telle portée, l'absence de chapiteaux et la pénétration des nervures dans les piliers sont plutôt d'un fâcheux effet. Les piliers, en raison de la pénétration, ont l'air de percer la voûte sans la supporter ; rien ne dit à l'œil qu'elle est soutenue, qu'elle ne va pas tomber et vous écraser. Pour éviter cet inconvénient, il aurait été nécessaire de prolonger les nervures jusqu'au sol le long des pieds-droits, ou d'interposer un chapiteau entre ceux-ci et les arcs de la voûte, comme à Santa-Maria-del-Fiore à Florence. C'est probablement pour remédier à ce défaut que l'architecte des dernières travées, sous Grégoire XI, a ménagé sur la face des piliers regardant la nef une saillie qui reçoit le doubleau. Ce reproche nous met à l'aise pour reconnaître que ces fortes piles (dix octogones et six dodécagones avec deux angles rentrants), qui mesurent 24 pieds de circonférence, ont un diamètre bien proportionné à leur hauteur et à la résistance qu'elles doivent opposer. Avec un chapiteau, elles seraient parfaites (1).

---

(1) C'est peut-être l'impossibilité d'obtenir des blocs de granit d'une dimension suffisante et d'un appareillage commode qui a déterminé Hugues Morel à cette suppression. Les bases des piliers sont un peu maigres, mais d'un profil correct, qualité qui déjà devenait rare. Ainsi dans les portions contemporaines et même antérieures de la cathédrale de Clermont, le dessin des bases est au moins médiocre.

Appliqué aux églises gothiques, le sytème qui donne aux voûtes des trois nefs une hauteur égale est, dit-on, d'origine allemande (1). En tout cas, dans le second quart du xive siècle, il était d'un emploi fréquent à Avignon et dans le Comtat-Venaissin pour les édifices religieux qui comportaient trois nefs. L'usage d'un arc brisé ouvert à l'excès et touchant presque au plein-cintre était aussi fort répandu dans la même région et dans toute la Provence, où son apparition était antérieure au style gothique et où il remplaçait le plein-cintre pour toutes les voûtes ou arcades ayant une certaine portée. Les exemples que fournissent les églises de Vaison, du Thor, de Pernes, de Vénasque, de Cavaillon, etc., sont dans toutes les mémoires. Cette forme de tiers-point à large base, à sommet un peu émoussé, a traversé l'âge roman, et c'est elle que l'on retrouve, adaptée au système gothique, à Villeneuve-lès-Avignon (2) comme à la Chaise-Dieu.

Vingt-six contreforts extérieurs, très rapprochés, très robustes, composent l'armature de l'édifice et contiennent la poussée des voûtes ; ils montent, accolés aux murs, jusqu'à la naissance du toit et ne reçoivent pas d'arcs-boutants apparents, les nefs latérales ayant à peu près la même élévation que le vaisseau central ; mais ces arcs-boutants existent à l'intérieur : ils s'y présentent à l'œil sous la forme de pleins de maçonnerie construits sur l'extrados des arcades qui divisent les travées des nefs latérales. Ces arcades ne sont pas, en effet, ouvertes jusqu'à la voûte comme celles de la grande nef, et le mur qui les surmonte transmet la poussée de celle-ci au sommet de chaque culée extérieure. Dans la partie occidentale construite sous Grégoire XI, la construction est plus massive ; les contreforts plus saillants supportent de grands arcs ou machicoulis recouverts par un chemin de ronde avec meurtrières.

---

(1) Il aurait apparu pour la première fois à Sainte-Élisabeth de Marbourg (1235-1283). Ce système se répandit rapidement en Saxe, en Westphalie, en Hanovre, en Silésie et en Autriche au xive siècle. L'Angleterre n'en offre qu'une application, la cathédrale de Bristol (1306-1332).

(2) La collégiale de Villeneuve a été commencée quelques années avant la Chaise-Dieu, vers 1330. (Voir Duhamel, *Un neveu de Jean XXII, le cardinal Arnaud de Via*, Avignon, 1883.)

Les contreforts n'ont pas reçu, ainsi qu'aux cathédrales de villes plus favorisées, une décoration de pinacles et de crochets finement découpés, décoration trop fragile pour le climat, trop déliée pour le grain de la pierre employée, mais seulement des gargouilles d'une exécution assez sommaire et des fleurons isolés sur le faîte. Que ce soit aux traditions de son école (1) ou à toute autre considération que l'architecte ait sacrifié les arcs-boutants évidés et à deux étages des grands édifices religieux contemporains, son inspiration ne saurait être condamnée ; l'extérieur, avec son unité compacte, sa perspective sévère, cette simplicité de moyens qui fait penser aux époques classiques, annonce bien les caractères de l'intérieur, et celui-ci ne pouvait recevoir de vêtement qui se liât plus intimement à lui, qui fût mieux approprié à ses formes et à son esprit.

En résumé, que l'œuvre de Hugues Morel présente des imperfections, nous ne le contestons pas ; nous avons signalé celle qui paraît la plus saillante, les hommes du métier en constateraient peut-être d'autres. Mais assurément Morel savait à fond les secrets de son art, et il mérite une place honorable parmi les maîtres des œuvres qui ont élevé nos édifices gothiques.

---

(1) Trop commune est la suppression des arcs-boutants apparents dans les édifices gothiques du midi que j'ai eu l'occasion de citer, pour y insister longuement. Je rappellerai seulement Saint-Didier d'Avignon, la collégiale de Villeneuve, et, dans notre voisinage, Saint-Laurent du Puy.

III

Les éléments principaux de la décoration d'une église étaient
alors comme aujourd'hui les verrières, la peinture murale ou sur
panneaux, la sculpture sur pierre et sur bois, les autels, retables,
stalles, tombeaux. Les objets précieux d'or et d'argent servant à
la célébration des sacrés mystères ou à la conservation des reliques ne rentrent pas dans cette ornementation qui, elle, devient
partie intégrante de l'édifice. L'art du verrier, l'art du peintre et
l'art du sculpteur furent représentés comme il convenait dans la
nouvelle église de la Chaise-Dieu.

A cette époque, l'usage des verres colorés s'était répandu des
églises aux châteaux et aux hôtels privés des villes ; aussi n'était-il
cité de quelque importance qui ne comptât une ou plusieurs fabri-
ques de vitraux (1). Les nôtres furent commandés à deux bourgeois
du Puy, Barthélemy Loiseau et Durand Bizet. La convention que
le trésorier conclut avec eux le 25 janvier 1346 ne porte pas d'abord
sur les vitraux des nefs latérales, la maçonnerie de celles-ci n'étant
pas encore terminée, ni leur couverture posée, mais sur les fenêtres
du sanctuaire. Elles exigent quatorze vitres simples ou sept vitres
doubles et leur sont comptées à raison de 5 sous tournois le pied
carré. Il ne s'agit que de verre blanc. Elles devaient être fabri-
quées de neuf, suivant la manière et la forme des vitres de la
chapelle Notre-Dame, précédemment exécutées par eux. Bientôt
on convint d'un prix fait général pour toutes les verrières à placer

(1) On se rappelle la célèbre ordonnance de 1347 en faveur des ouvriers lyonnais.

ultérieurement dans l'ensemble de l'ouvrage (1). Les prix étaient
les suivants : vitres portant les armes de Clément VI, 5 sous et
6 deniers tournois le pied carré ; vitres de bordure? *(de les marzinaria)*, 6 sous. Nous avons signalé déjà que pendant les années 1346 et 1347 la monnaie tournois fut singulièrement avilie
en France. Maîtres Loyseau et Bizet obtinrent à forfait qu'on
ne suivît pas pour leurs payements les variations du cours légal
et qu'on fixât à 22 sous tournois le change de l'écu d'or (2).
Ainsi fut fait jusqu'en septembre 1347. Un versement de 132 livres
tournois en 120 écus d'or établit qu'ils avaient remis au monastère
480 pieds carrés de verres des trois catégories. Si le compte des
années suivantes fait défaut, il n'y a pas de raison pour que, cette
fourniture étant insuffisante, on n'ait pas continué à recourir à
ces mêmes maîtres, fabricants peu éloignés de l'abbaye.

Le peintre que la munificence du pontife mit à contribution
pour l'embellissement de sa basilique venait de contrées plus
lointaines. Quel visiteur d'Avignon ne se rappelle les deux chapelles exiguës et charmantes, dédiées l'une à saint Jean-Baptiste,
l'autre à saint Martial, qui se partagent, dans le Palais des papes,
la hauteur de la tour Saint-Jean ? Jusqu'à ces dernières années,
l'opinion la plus répandue attribuait ces peintures à Simone di
Martino, venu à Avignon avec son frère Donato en 1339, ou à ses
élèves (3). Pendant que nous cherchions aux Archives du Vatican les noms et les œuvres des artistes qui avaient illustré le séjour de la papauté sur les bords du Rhône, le regretté M. Müntz

----

(1) Pièces justificatives, n° V. — Dans le traité conclu en 1408 entre le chapitre de la
cathédrale de Troyes et Guiot Brisetour, verrier de Troyes (*Documents relatifs à la
construction de la cathédrale de Troyes,* par d'Arbois de Jubainville, *Bibliothèque de
l'École des Chartes,* t, XXIII, p. 214 et suiv.), les verrières d'un grand *ousteau* avec les
quatre évangélistes et huit écussons ne sont comptées qu'à raison de 3 sous 4 deniers
tournois le pied ; à la Chaise-Dieu, où tout se payait très largement, elles coûtent près
de moitié plus. Il est vrai qu'en soixante ans les conditions de l'industrie avaient bien
changé et que le pouvoir de l'argent avait diminué.

(2) C'est exactement le cours réprouvé comme illégal par Philippe VI dans un document cité plus haut, nouvelle preuve de l'initiative qu'avait prise le public de donner
aux espèces d'or un cours arbitraire, mais invariable, afin d'échapper aux perturbations
monétaires que l'expérience du passé laissait prévoir dans l'avenir.

(3) L. Palustre, *De Paris à Sybaris ;* Crowe et Cavalcaselle, *Histoire de la peinture
italienne,* édition allemande, t. II.

publiait (1) un fragment des comptes pontificaux pour les années 1344 et 1345, duquel il résulte que les fresques de la chapelle Saint-Martial et de la chapelle Saint-Michel, celle-ci au sommet de la tour contenant le trésor du pape, furent peintes sous la direction de Matteo di Giovanetto, de Viterbe. Ce maître fut le peintre favori de Clément VI et en quelque sorte le directeur des beaux-arts à sa cour pendant tout son pontificat, comme le frère mineur Pierre du Puy l'avait été sous Jean XXII (2). Ayant auprès de lui son frère Marco di Giovanetto, avec d'autres maîtres venus de Toscane ou d'Ombrie, Pierre de Viterbe, Rico et Giovanni d'Arezzo, et sous sa conduite une escouade de décorateurs issus de diverses provinces de la France, il ornait avec une imagination infatigable les grandes et les petites salles du palais d'Avignon, l'hôtel du pape et celui du défunt cardinal Neapoleone Orsini à Villeneuve-lès-Avignon, en même temps qu'il peignait des tableaux religieux pour les autels des chapelles pontificales ou cardinalices, et pour les églises que le pape recommandait expressément à son talent.

C'est à ce maître, disciple de Simone di Martino et l'un des premiers de son temps, à en juger par les vestiges de son œuvre au palais d'Avignon et par l'estime dont il jouissait au sein de cette cour magnifique, à ce contemporain des Gaddi, des Laurati, d'Orcagna, de Lippo Memmi, de Giottino, que Clément VI recourut pour la décoration de l'église auvergnate. En 1350, celle-ci étant achevée, Matteo di Giovanetto, sans quitter Avignon, exécuta huit tableaux pour la Chaise-Dieu (3), et il reçut le salaire relativement élevé de 254 florins 20 sous et 2 deniers. Ces tableaux furent expédiés, l'année même, au monastère.

Ce n'était pas assez. La fresque, la peinture murale était trop dans l'usage de l'époque et jugée trop nécessaire à la dignité d'un.

(1) *Mémoires de l'Acad. de Vaucluse* (1882).

(2) Voyez notre étude, *Les arts à la cour d'Avignon*, etc., Paris. Thorin, 1884. — Ce maître est inconnu à Vasari, et il faut qu'il ait bien peu travaillé dans sa patrie, pour que son nom ne soit pas sorti des archives italiennes, si savamment et si utilement remuées depuis un siècle.

(3) Entre le 14 mars et le 24 novembre.

sanctuaire pour que la Chaise-Dieu en fût privée. L'année suivante, quand la belle saison fut de retour, Matteo di Giovanetto partit avec deux de ses aides et demeura une partie des mois d'août et de septembre *in picturis sancti Roberti Case Dei*. Ces mots peuvent signifier qu'il s'y occupa à représenter les gestes de l'histoire de saint Robert. Comme il jouissait très probablement d'appointements fixes, il ne porte dans le compte réglé par le trésorier le 18 octobre 1351 (1) que le salaire dû à ses aides, leurs frais de voyage et d'entretien communs et les achats de couleurs. Ces peintures comportaient un fond d'azur semé d'étoiles d'or.

A peine débarqué à Avignon et son compte réglé, il repartait de nouveau avec ses deux aides et trois chevaux (30 octobre), son premier voyage n'ayant eu qu'un but de reconnaissance et de préparation. Cette fois on lui remet 200 bons florins de Piémont (2). Il ne dut guère demeurer plus d'un mois à la Chaise-Dieu, car il était revenu à Avignon le 22 décembre, et donnait au trésorier le détail de ses dépenses. Dans le même chapitre du compte figurent deux ouvrages qui paraissent aussi avoir été destinés et apportés à notre église : 1° un ex-voto du vicomte de Turenne(3) Guillaume II de Beaufort, neveu du pape (4); ce prince connaissait et affectionnait Saint-Robert de la Chaise-Dieu ; il y devait avoir son tombeau de famille et sa statue auprès du tombeau de son oncle, il y devait accompagner les restes mortels de celui-

---

(1) Arch. Vat. *Cameral.* 263, f° 160 :

Pour deux ouvriers qui employèrent à ces peintures vingt-quatre jours, y compris l'aller et le retour	15 florins.
300 feuilles d'or fin	6 fl.
Azur d'outremer et autres couleurs et accessoires	6 fl.
Sa nourriture et celle de son cheval	6 fl.
TOTAL	33 florins.

(2) *Cameral.* 265, f° 82 v°.

(3) *Unum votum vicecomitis Turenne.*

(4) C'est Gérard, maître de la Chambre (*camera*) pontificale, qui le commande. C'est le peintre Perone de Tortone, un Italien du nord celui-ci, qui l'exécute, en trois jours et une nuit, pour 24 sous. L'année précédente, Guillaume II de Beaufort avait acquis la vicomté de Turenne et épousé la riche héritière de la maison de Comminges, double négociation à laquelle Clément VI avait efficacement contribué. Voyez sur ce vicomte une note du chapitre suivant.

ci ; 2° la facture d'une tête de cire *« formatum ad similitudinem pape »* et dorée d'or fin. Ces sortes d'images étaient très en honneur et souvent elles offraient l'intérêt de véritables œuvres d'art (1). Les moines de la Chaise-Dieu, en attendant la grande figure que ciselait maître Pierre Roye, attachaient beaucoup de prix à une reproduction authentique des traits de leur bienfaiteur.

Matteo collabora enfin à un dernier travail de haute importance pour notre basilique. On sait que les reliques de saint Robert, inhumé primitivement là où s'élève aujourd'hui la clôture du jubé, furent transportées en 1352 sous le maître autel de l'église nouvelle par Jean de Chandorat, évêque du Puy et ancien abbé de la Chaise-Dieu, assisté des évêques de Clermont, de Mende et de Saint-Flour. Cette translation eut lieu avec la pompe qu'exigeait la renommée du saint fondateur de l'abbaye (2). Etienne d'Aigrefeuille, l'abbé d'alors, aurait d'après Dom Genoux fait élever, moyennant 120 florins d'or, le tombeau de saint Robert. S'agit-il de la châsse en métal précieux qui contint sa dépouille ? Évidemment non ; 120 florins n'auraient pas suffi à la matière et à la main-d'œuvre d'une châsse d'argent ciselé. L'abbé n'eut à sa charge que le coffre de pierre, plus ou moins orné et sans doute en forme d'autel, dans lequel la châsse fut déposée. Celle-ci fut commandée par Clément VI lui-même à des orfèvres de Paris (3) ; et pour que les sujets tirés de la vie du saint, qu'il

---

(1) Celle-ci est payée 16 sous (*Ibid.*). — Jean XXII avait pareillement fait don d'images de cire à plusieurs églises (*Les arts à la cour d'Avignon, etc.*, p. 48.).

(2) D. Branche, *Les monastères d'Auvergne*, p. 245, d'après Dom Genoux. Ces reliques furent brûlées par les huguenots ; on en sauva quelques débris qui furent portés au monastère de Chanteuge. « Le chef du saint, écrivait le P. Desmolets en 1729 (*Contin. des mém. de littérat. et d'histoire*, t. VIII. p. 176), y est conservé dans un buste d'argent émaillé, où l'on voit les armes de Clément VI qui a donné ce beau reliquaire. Les cheveux de saint Robert sont roux et longs d'un demi-pouce. » Ce buste d'argent est-il la *cassa argentea corporis Sancti* dont il est question plus loin ? Nous ne le pensons pas. — Les autres reliques de saint Robert possédées par l'église de la Chaise-Dieu avant la révolution étaient, avec un fragment du bras dans un reliquaire de vermeil, l'extrémité de sa crosse et sa tasse de bois.

(3) Ce fait est très remarquable et fournirait, s'il en était besoin, une nouvelle preuve de la supériorité reconnue des ciseleurs parisiens. Clément VI avait auprès de lui une véritable colonie d'orfèvres toscans établie sous les pontificats précédents. Les principaux d'entre eux, Marco di Lando, Domenico di Jacopo, Neruccio Bartolini, exécutaient sur son ordre des pièces nombreuses (voyez l'étude déjà citée sur *Les arts à la Cour d'Avignon*); leur habileté technique était incontestable. Ici cependant ce n'est pas à eux qu'on a recours.

voulait voir représentés sur les compartiments de cette châsse, fussent tracés selon ses goûts et ses indications, il chargea son peintre ordinaire, Matteo di Giovanetto, de dessiner sur papier les vingt-huit «histoires» de saint Robert qui devaient y figurer(1). Il paraît bien que, ces dessins n'ayant été exécutés qu'en 1352, le reliquaire ne pouvait être terminé la même année : il convient cependant d'ajouter foi aux témoignages contemporains et d'affirmer son achèvement très rapide. Quant au chef d'or enrichi de pierreries, offert, d'après la tradition (2), par le pape pour recueillir et conserver la tête de saint Robert, je n'en ai trouvé nulle trace dans les comptes. Cela ne signifie pas absolument qu'on doive révoquer en doute la réalité de ce présent, mais au moins que Clément VI ne fit pas spécialement ouvrer ce reliquaire pour l'usage auquel il le destina. Les souverains pontifes possédaient dans leur *trésor* un grand nombre d'objets précieux, religieux ou profanes, que le labeur quotidien des orfèvres attachés à leur cour augmentait sans cesse. Leur dignité les obligeait à de fréquentes largesses ; ils puisaient alors dans cette réserve, et les pièces qui en sortaient dataient souvent des années antérieures et même de pontificats précédents (3).

Nous n'avons rien à dire ici de la si curieuse *Danse macabre* du collatéral de gauche (4), postérieure d'un siècle à l'église et aux décorations de Matteo di Giovanetto. Les recherches faites

(1) *Cameral.* 265, f° 82 v° : « Item pro uno quaglio papiri in quo protraxit dictus magister Matheus xxviii ystorias sancti Rotberti mittendas Parisius pro cassa argentea corporis ejusdem sancti, ii s. iv den. »

(2) L'abbé Bonnefoy, *L'abbaye de Saint-Robert*, etc., p. 53.

(3) Grégoire XI fit présent, quelques années plus tard, d'un bras d'argent ciselé contenant des reliques de saint André, portant sur ses faces diverses scènes de la vie du saint et soutenu par quatre anges dorés ; ouvrage que l'on peut légitimement attribuer à l'école toscano-avignonnaise florissant près de la cour pontificale.

(4) Cette peinture à la détrempe, qui va tous les jours s'effaçant, n'existerait bientôt plus qu'à l'état de souvenir, si un artiste du Puy, M. Léon Giron, n'en avait fait il y a quelques années une remarquable copie. M. de Planhol avait déjà exécuté quelques dessins assez exacts de cette peinture (l'un d'eux est en notre possession) pour la publication d'Achille Jubinal, éditée voilà cinquante ans. Mais c'est surtout à l'excellent travail de M. Giron qu'il faut recourir pour s'assurer que le dessin de l'artiste du xv° siècle n'était pas si incorrect, ni sa main si timide que l'a prétendu Mérimée. La simplicité des moyens, la pauvreté des couleurs réduites à un ton rouge-brique pour le fond, à un ton jaune-clair, rehaussé de traits noirs qui accusent les contours et les plis, pour les figures, ne doivent pas surprendre si l'on se rend compte que cette peinture était destinée à produire l'effet, l'illusion d'un bas-relief. La statuaire

à son sujet n'ont donné aucun résultat. Non plus des célèbres tapisseries de Jacques de Saint-Nectaire ; mais il faut protester contre l'erreur qui fait attribuer au maître italien Taddeo Gaddi les cartons de ces quatorze *arazzi*. Ils datent manifestement et authen-
tiquement du premier quart du xvie siècle ; ils portent, quant au
dessin, le caractère très marqué de l'école flamande de ce temps,
on ne peut les mettre sous le nom d'un peintre italien avec le
style duquel ils n'ont aucun rapport, et qui mourut en 1366. Cette
tradition erronée doit pourtant avoir, comme toutes les traditions, une origine qui l'explique. Taddeo Gaddi n'a pas travaillé
à la Chaise-Dieu ; l'emploi de sa vie, telle qu'elle est racontée
par Vasari et commentée par M. Milanesi (1), ne permet pas de
supposer non plus qu'il ait été appelé à Avignon par Innocent VI
ou Urbain V. Mais les deux fils de Taddeo, Agnolo et Giovanni, à
à qui ce dernier pape confia des décorations au Vatican lorsqu'il
se disposait à revenir à Rome (1367), ne purent-ils faire, avant
cette date, un voyage à sa cour et y exécuter des cartons de fresque ou des tableaux demandés pour la Chaise-Dieu ? Nous donnons cette hypothèse pour ce qu'elle vaut. Peut-être encore,
après que les œuvres de Matteo di Giovanetto se furent dégra-
dées, qu'elles eurent disparu, les moines oublièrent-ils son nom
et se souvenant seulement qu'un grand peintre italien, envoyé par
Clément VI, avait séjourné quelque temps à l'abbaye, firent-ils
de cet inconnu l'un des deux ou trois plus grands maîtres de son
temps, Taddeo Gaddi, l'excellent disciple de Giotto. Bientôt, ne
possédant plus d'autres œuvres d'art remarquables que les magnifiques compositions commandées en 1516 par Jacques de Saint-
Nectaire, ils les mirent de bonne foi sous cet illustre patronage
sans prendre garde que la chronologie s'y opposait autant que la
différence des styles.

---

monumentale du moyen âge a employé fréquemment les mêmes tons pour les fonds et
les figures dans les sculptures en ronde bosse ou en bas-relief des portails, des frises,
des chapiteaux. On en trouve des exemples à Vézelay, à Autun et à Moissac.

(1) Vasari, éd. Milanesi, t. I, p. 571-591.

Tombeau du Pape Clément VI

V

Quand on entre dans le chœur des religieux, tendu des tapisseries de haute lisse et fermé de trois côtés par les célèbres stalles sculptées du XVe siècle, le premier objet qui frappe les yeux c'est, au milieu de l'enceinte, le tombeau du pape Clément VI. Le sarcophage de marbre noir qui recouvre cette vénérable dépouille n'est paré d'aucun ornement ; il est surmonté d'une table unie de même marbre, dépassant par une forte moulure la ligne verticale des parois. Sur cette couche est étendue la statue du pape, un peu plus grande que nature. Le marbre en est d'une irréprochable blancheur, peu veiné, parfaitement poli et d'un grain qui ne peut guère appartenir qu'au carrare. Cette statue est évidemment l'œuvre d'un maître. Les traits, qui devaient être ressemblants puisqu'ils furent tracés du vivant même et sous les yeux du pape, sont accusés par un ciseau à la fois résolu et délicat. La tête, coiffée de la tiare à trois couronnes (1), repose sur un coussin ; les mains sont jointes, les pieds appuyés contre deux lions à la crinière jadis dorée. Les vêtements pontificaux descendent jusqu'à eux en plis réguliers. On voit encore sur certains détails de broderie et d'ornement la trace de l'or fin que les sculpteurs y appliquèrent suivant l'usage

(1) Les trois couronnes sont fleuronnées, innovation qui ne datait guère que du pontificat précédent (Benoit XII) ; mais cette tiare a été refaite, comme nous le dirons plus loin de la figure, après la dévastation des huguenots : Elle accuse le style du XVIe siècle. Avant Boniface VIII (1295-1303), la mitre pontificale était ceinte de trois simples cercles. Sous ce pontife, le cercle inférieur se fleuronna et devint une couronne (Cf. *Inventaire du trésor de Boniface VIII*, n° 668, publié par M. E. Molinier dans la *Bibl. de l'Ec. des Ch.*, 1884, 1re livr.). Dans la première moitié du xive siècle, les deux autres se fleuronnèrent à leur tour.

du temps (1). Ces vestiges de recherche somptueuse, la qualité des matériaux, et en même temps le caractère d'incomplet, de rajusté, pour ainsi dire, que présente cette image de marbre blanc, couchée sans accessoires et sans transition sur cette plaque de marbre noir, indiquent que le monument était autrefois dans son ensemble tout autre qu'il n'est aujourd'hui. En effet l'histoire raconte que, lors du pillage de l'église par les bandes huguenotes de Blacons en 1562, la tombe du pape fut brisée et ouverte pour livrer les objets précieux qu'on espérait y rencontrer. La partie qui subsiste porte en plusieurs endroits la marque de violences; et la tête du pape, séparée en deux, ne put si bien être réparée par les moines, qu'on n'y voie les traces de la rupture (2). Tout mutilé qu'il est, le tombeau garde encore, comme l'ombre de ce Jason dont parle Dante, un aspect de souveraine grandeur (3).

Les chroniques du monastère ne le décrivent malheureusement pas tel qu'il était avant ces déprédations. Dom Genoux (4) parle de quatre statues représentant *les aïeux* de Clément VI. Rien de plus vague. Les fragments recueillis ne laissent soupçonner que des arcatures d'albâtre entourant le mausolée et quelques figures difficiles à définir. Aussi est-ce une bonne fortune qu'un document émané des Archives vaticanes nous ait conservé, à défaut d'un tableau complet, une nomenclature des statues que comportait ce remarquable ouvrage. Il augmente, il est vrai, le regret de le voir maintenant réduit à cette effigie solitaire, dont

---

(1) Mérimée se contente d'écrire à propos de ce monument : « On montre, dans l'église deux tombeaux en marbre noir, avec les statues des papes Clément VI et Grégoire XI. Ces monuments, horriblement mutilés pendant les guerres civiles du xvi° siècle, n'offrent plus d'intérêt. » Or l'église de la Chaise-Dieu n'a jamais possédé le tombeau de Grégoire XI.

(2) Il est même probable que la figure actuelle a été refaite par les soins des religieux, après que la fuite des huguenots leur eût permis de rentrer dans leur église. Cette figure est rapportée suivant une ligne horizontale qui va du fleuron terminal de la tiare au pli du menton, restauration pratiquée en tous cas d'après les débris de la tête mutilée, peut-être même d'après un moulage ancien de celle-ci, et qui présente des garanties de ressemblance. La décoration, en marbre blanc et coloré, des angles arrondis du monument parait dater de la fin du xvii° siècle. Enfin les mains et l'extrémité des pieds ont été également refaites. Ce tombeau a été gravé dans le *Propyleum maii* des Bollandistes, p. 416.

(3) « Quanto aspetto reale ancor ritiene! » *Inferno*, XVIII.

(4) Bibl. Nat., ms. latin 12818, p. 452.

l'exécution nous est garante du mérite de celles qui l'accompagnaient.

Il faut se souvenir, pour ne pas être étonné de l'énumération qui va suivre, que Clément VI eut grandement à cœur l'élévation de sa famille et de ses compatriotes dans la hiérarchie ecclésiastique et laïque. Il lui fut aisé d'accroître la puissance territoriale et politique de l'une, de conférer aux autres des charges ou des bénéfices dans toute la chrétienté (1). Népotisme dont la justification est de n'avoir nui ni à la France ni à l'Eglise ; car ce fut son neveu Grégoire XI qui, sur les conseils de sainte Catherine de Sienne, revint fixer à Rome, où il mourut, le siège du pontificat romain ; et, pendant une période critique de notre vie nationale, son frère le comte de Beaufort, suivant l'exemple de Clément VI, dont l'assistance pécuniaire et morale n'avait jamais fait défaut à Philippe VI, contribua par d'abondants subsides à la continuation de la lutte contre l'Angleterre et à la rançon du roi Jean (2) ; le fils de Guillaume Ier, Guillaume II de Beaufort, vicomte de Turenne, ne servit pas moins utilement la patrie française.

Clément VI voulut donc que son tombeau donnât une preuve, unique, croyons-nous, dans l'histoire des souverains pontifes, de son attachement pour les siens. Voici l'énumération des quarante-quatre personnages (3) rangés comme une garde d'honneur autour du corps et de l'effigie du pape (4) :

(1) Un chroniqueur contemporain cité par Baluze (*Vitæ pap. aven.*, t. I, c. 1060), attribue au pape montant sur le trône ce propos : « Qu'il planterait dans l'Église de Dieu un tel rosier de Limousins, qu'après cent ans il aurait encore des racines et des boutons. » Et ailleurs : « Fertur Clementem papam prædixisse reliquias Lemovicensium sive rapas in plerisque orbis partibus dispergendas et multiplicandas fore. »

(2) Voyez notre article sur les *Prêts consentis par le pape Clément VI et son frère le comte Guillaume Ier de Beaufort aux rois de France Philippe VI et Jean II* dans la *Bibliothèque de l'Ecole des Chartes*, 1879 (tiré à part chez Alphonse Picard. Paris. 1879).

(3) Le document, comme on le verra *in fine*, en porte au total cinquante-cinq. Ou c'est une erreur du comptable qui a omis le x devant le L (LV au lieu de XLV), ou ce même comptable a oublié d'en noter quelques-unes. Remarquons aussi qu'il y a dans cette liste des noms répétés, l'évêque de Béziers (*episcopus Biterrensis in una sede* puis *episcopus Biterrensis*, etc.), le comte de Beaufort et ses deux femmes. Si cette répétition n'est pas le fait d'un lapsus, et que ces différents personnages fussent en effet représentés deux fois, les statues auraient été au nombre de quarante-huit au lieu de quarante-quatre. Mais c'est peu vraisemblable.

(4) On trouvera le texte aux pièces justificatives (n° VI).

Le prêtre portant l'eau bénite, le diacre portant le livre des Evangiles et le servant en une place (1).

Les cardinaux de Tulle (2),
Guillaume (3),
de Limoges (4),
et de Beaufort (5).

Les archevêques de Rouen (6),
de Narbonne (7),
de Saragosse (8),
d'Arles (9),
de Braga (10).

(1) Ce sont les trois officiants de la cérémonie de l'absoute. L'expression *in una sede*, qui suit chaque nom, signifie *en une place* plutôt que *sur un siége*. Tous ces personnages évidemment n'étaient point assis ; ils figuraient chacun dans un compartiment, dans une niche distincte.

(2) Hugues Rogier, frère de Clément VI, élu de Tulle (de là sa qualification), promu cardinal de Saint-Laurent in Damaso le 20 septembre 1342.

(3) Guillaume de La Jugie, fils d'une sœur de Clément VI, cardinal-diacre de Sainte-Marie in Cosmedin (même promotion).

(4) Nicolas de Besse, élu de Limoges, fils d'une sœur du pape, cardinal-diacre de Sainte-Marie in-Via-lata (promotion du 26 février 1344).

(5) Pierre Rogier, fils du frère de Clément VI, Guillaume Ier de Beaufort, promu cardinal-diacre en mai 1348. Ce fut plus tard le pape Grégoire XI.

(6) Nicolas Rogier, oncle paternel de Clément VI († 1347). Selon Baluze (*Vitæ pap. av.*, t. I, col. 831 et 1156), un autre Beaufort occupa le siége de Rouen au milieu du xive siécle. C'était un des fils de Guillaume Ier, un frère par conséquent de Grégoire XI. La *Gallia* n'en parle pas et place après Nicolas Rogier, un Jean de Marigny qui aurait occupé le siége de Rouen jusqu'au 26 décembre 1351. Faut-il croire à une omission de la *Gallia*, admettre l'archiépiscopat de Jean Rogier vers 1350, et la représentation de celui-ci et non pas de son oncle sur le tombeau de Clément VI ?

(7) Pierre de La Jugie, neveu de Clément VI par sa mère, frère de Guillaume nommé plus haut.

(8) Guillaume d'Aigrefeuille, cousin et cubiculaire du pape, élu de Saragosse, promu cardinal le 17 décembre 1350.

(9) Étienne Aldebrand, non parent, mais camérier et intime familier du pape, promu à l'archevêché d'Arles en 1350, de Toulouse l'année suivante. Il n'est pas sans intérêt de rappeler à son sujet une anecdote que rapportent la plupart des historiens de Clément VI. Comme Pierre Rogier, alors jeune profès du monastére de la Chaise-Dieu, regagnait son abbaye, venant de Paris où l'abbé l'avait envoyé prendre ses grades de théologie, il fut arrêté dans la forêt de Randan par une bande de voleurs qui le dépouillérent de tout ce qu'il possédait. Laissé sur la place presque nu et à demi mort, il parvint à gagner Thuret, localité voisine. Le prieur de ce village, Étienne Aldebrand, le recueillit et le réconforta fraternellement. « Quand pourrai-je m'acquitter vis-à-vis de toi de tant de bienfaits, dit Pierre Rogier à son hôte en prenant congé ? — Quand tu seras devenu pape, repartit celui-ci en souriant. » On voit que Clément VI se souvint du prieur de Thuret.

(10) Guillaume *de Gardia* (de La Garde), cousin de Clément VI, envoyé comme légat à Naples pour couronner roi Louis de Tarente, époux de Jeanne Ire. Il fut archevêque

Les évêques de Béziers (1),

de Rodez (2),

de Clermont (3),

de Saint-Paul (4),

de Rieux (5),

d'Elne (6),

de Tulle (7),

de Saintes (8),

de Toulon (9).

Le comte de Beaufort avec ses deux épouses (10).

d'Arles après la mort de son oncle Étienne de La Garde (1360), qui avait lui-même succédé à Étienne Aldebrand ci-dessus nommé.

(1) Hugues de La Jugie, évêque de Béziers de 1349 à 1371, neveu de Clément VI, frère des cardinaux Guillaume et Pierre de La Jugie.

(2) Raymond d'Aigrefeuille, frère du cardinal Guillaume d'Aigrefeuille, de Pierre d'Aigrefeuille, évêque de Clermont, qui a aussi sa place dans ce monument, et d'Étienne d'Aigrefeuille, abbé de la Chaise-Dieu au moment de la mort de Clément VI. Ce cousin du pape fut évêque de Rodez de 1349 à 1361.

(3) Pierre d'Aigrefeuille, évêque de Clermont de 1347 à 1354, avait été un moment abbé de la Chaise-Dieu après la mort de Renaud de Montclar (1346).

(4) Je ne sais de quel personnage il s'agit. Des trois évêques qui ont passé sur le siège de Saint-Paul de 1342 à 1352, aucun ne semble avoir été parent de Clément VI; mais les indications de la *Gallia* sont souvent, pour cette époque, inexactes ou incomplètes. Serait-ce Hugues Aimeri, né à Orange, évêque de Saint-Paul de 1340 à 1348 ?

(5) Très probablement Durand des Chapelles, cousin germain du pape, d'après des lettres patentes données à Toulouse par le comte Jean d'Armagnac le 16 octobre 1356 et citées par Baluze (t. 1, c. 835). Au temps de ces lettres, Durand était évêque de Conserans. La *Gallia*, en signalant le passage de Durand des Chapelles sur le siége de Rieux, de 1349 à 1351, n'indique pas qu'il ait été transféré de là au siège de Conserans; mais pour moi le Durand de Baluze et le Durand des Chapelles de la *Gallia* sont un seul et même personnage.

(6) Étienne de Malet, transféré en 1350 par Clément VI du siége abbatial de la Chaise-Dieu au siège épiscopal d'Elne. Baluze (t. Ier, c. 1432) affirme qu'il était cousin du pape, sans indiquer sa filiation.

(7) Même incertitude que pour l'évêque de Saint-Paul.

(8) Étienne de La Garde, oncle de Guillaume, promu à l'archevêché d'Arles après son passage à l'évêché de Saintes (1342-1351). Les Bénédictins n'ont pas essayé d'identifier cet évêque de Saintes, *Stephanus de Gardia*, qu'ils appellent *Étienne de Gard*, avec l'archevêque d'Arles. L'abbé Briand, auteur d'une histoire de l'église de Saintes, s'en rapporte à la *Gallia*, et ne semble pas supposer qu'Étienne de Gard, disparaissant de Saintes vers 1350, ait été transféré à un autre siège. Cette identification me semble pourtant à peu près certaine, d'autant qu'on ne sait pas du tout ce qu'était Étienne de Gard avant son avènement au siège d'Arles .(Voy. Baluze, I, 988.) Étienne de La Garde était cousin de Clément VI ; il avait deux frères, Bernard, seigneur de Pélissane, et le cardinal Géraud de La Garde, mort en 1343. (Baluze. *ibid.*, I, 852.)

(9) Hugues Labaila, religieux augustin, évêque de Gubbio en 1345 et transféré, le 9 décembre de la même année, au siège de Toulon où il parait être resté jusqu'en 1357.

(10) Guillaume Rogier, premier comte de Beaufort, frère aîné de Clément VI. De sa première femme, Marie de Chambon, il eut quatorze enfants, dont le vicomte de Turenne,

Le vicomte de Turenne avec son épouse (1).

Jean-Nicolas Rogier, marquis (2).

La comtesse de Valentinois avec son mari (3).

Delphine de La Roche avec son mari (4).

Marie d'Apchier avec son mari (5).

Marguerite de Donzenac avec son mari (6).

Matha avec son futur mari (7).

Aliénor, sœur du pape, avec deux filles mariées et deux filles abbesses et Nicolas son fils (8).

le pape Grégoire XI qui mourut avant son frère, et plusieurs autres que nous allons en partie retrouver. Après la mort de Marie, il épousa Guérine de Canilhac (1345), dont il eut un fils le marquis de Canilhac, et une fille; enfin, dans un âge déjà avancé, il se maria en troisièmes noces avec Catherine de La Garde. Ce sont naturellement les deux premières qui sont ici. Un inventaire de titres de la maison de Beaufort, conservé aux archives départementales du Puy-de-Dôme (série E, fonds Montboissier-Beaufort-Caneillac) et que nous a obligeamment communiqué M. l'archiviste Rouchon, porte sur la feuille de garde la liste de tous les enfants de Guillaume Ier. Nous nous en sommes servi pour identifier ceux qui sont ici nommés, en rectifiant Baluze. De ces quatorze enfants, six moururent en bas âge.

(1) Guillaume II de Beaufort, fils ainé du précédent, qui acheta en 1350 la vicomté de Turenne et, la même année, épousa Éléonore de Comminges.

(2) Nicolas Rogier, seigneur d'Herment et de Limeuil, septième enfant et cinquième fils de Guillaume Ier ; une de ses terres avait été sans doute érigée en marquisat.

(3) Hélis, troisième enfant du même, mariée au comte de Valentinois.

(4) Delphine, l'ainée de tous, née en 1328 d'après l'inventaire mentionné ci-dessus, épousa Hugues de La Roche, élevé en 1345 à la dignité de maréchal de la cour romaine et de recteur du Comtat-Venaissin, fonctions qu'il remplissait encore sous Grégoire XI. Il était seigneur de Châteauneuf et de Tournoël.

(5) D'après l'inventaire, Marie, dernière enfant du premier lit, ne serait née qu'en 1344. Cette Marie devrait alors être identifiée avec la deuxième fille que l'inventaire appelle Aygline, née en 1329, mariée en premières noces à Guérin de Châteauneuf, seigneur d'Apchier, et après la mort de celui-ci vers 1375, à Raymond de Nogaret. C'est du premier qu'il s'agit ici. Le texte porte *Maria de Mocherio*, mais dans l'impossibilité de trouver dans les provinces du centre un nom de lieu, de fief seigneurial qui se rapprochât de ce vocable, j'ai conclu qu'il y avait erreur du scribe et qu'il fallait lire *de Apcherio*.

(6) Marguerite, neuvième enfant de Guillaume Ier, était femme de Géraud de Ventadour, seigneur de Donzenac.

(7) Onzième enfant de Guillaume Ier, elle était alors fiancée à Gui de La Tour. Le mariage eut lieu l'année suivante, après la mort de Clément VI.

(8) Clément VI avait deux sœurs, mariées l'une à Guillaume de Besse, l'autre à Jacques de La Jugie. Quelle est celle-ci ? très probablement la dame de La Jugie, dont le prénom était inconnu jusqu'à présent. La dame de Besse, appelée par Baluze en un endroit Delphine (*Vitæ*, etc., t. I, c. 831), en un autre Almodia, était bien mère d'un fils nommé Nicolas et de deux filles qui se marièrent ; Almodia pourrait donc être une fausse lecture de Alinordia. Mais Nicolas de Besse, cardinal-diacre de Sainte-Marie-in-Via-lata, avait déjà sa statue dans ce mausolée ; il y a peu d'apparence qu'on l'ait représenté encore à côté de sa mère et de ses sœurs sans indiquer sa qualité. Les autres enfants d'Almodia

Ainsi ce n'était pas comme aux célèbres tombeaux de papes qu'a laissés la Renaissance, des allégories de Vertus, des symboles de souveraineté temporelle ou spirituelle, conceptions métaphysiques familières au génie italien, ou encore des figures d'anges et de saints, qui décoraient celui de Clément VI. En ceignant la tiare, il n'avait pas dépouillé l'esprit féodal, si vivace dans ce Limousin où il était né ; il n'avait pas cessé d'être l'homme de sa maison, et il se faisait escorter dans la mort de tous ceux qui, dans la vie, lui avaient été le plus étroitement unis par les liens du sang : de ses deux frères, le cardinal Hugues et le comte Guillaume, de tous les enfants de celui-ci (1), prélats, seigneurs et nobles dames, de leurs femmes ou de leurs maris, de l'une de ses sœurs, encore vivante, avec ses cinq enfants, d'une quinzaine de cardinaux et d'évêques, tous ses neveux directs ou ses cousins, à l'exception de l'archevêque d'Arles Étienne Aldebrand, qui dut à un sentiment particulier d'affection de prendre place en cette sorte de musée ecclésiastique et séculier, consacré par Pierre Rogier aux illustrations de sa famille. Sans doute il espérait que sa cendre reposerait paisiblement en leur compagnie dans ce coin perdu des montagnes d'Auvergne, entre les murs de cette abbaye de Saint-Robert qu'il avait filialement aimée et choisie non seulement pour le lieu de sa sépulture, mais pour la nécropole des siens. Ces précautions et ces prévisions ont été déçues. Deux siècles s'étaient à peine écoulés que le monument était mis en pièces ; on sait le peu qui reste de cet ensemble imposant et compliqué.

Les auteurs de cet ouvrage s'étaient certainement inspirés du tombeau du pape Jean XXII, œuvre remarquable exécutée à Avignon quelques années auparavant par maître Jean de Paris (2),

---

étaient Pierre, seigneur de Bellefage, Fina et Élise, mariée à Guichard de Comborn. Le fils aîné de la dame de La Jugie s'appelait aussi Nicolas. Baluze (I, c. 854,) parmi ses six enfants, ne compte qu'une fille, mariée à Guy de Puydeval, mais elle pouvait en avoir d'autres. Je n'ose cependant me prononcer formellement pour la dernière, car il est possible que le copiste ait inexactement attribué le prénom de Nicolas au sire de Bellefage, fils de la dame de Besse.

(1) Au moins ceux du premier lit.

(2) Sur ce tombeau et cet artiste, voyez notre étude déjà citée sur *Les arts à la cour d'Avignon*, p. 95 et suiv.

laquelle, outre l'image du défunt, ne comptait pas moins de soixante-quatre statuettes, aujourd'hui brisées ou dispersées. L'édicule de marbre sculpté entourant et surmontant le coffre mortuaire sur lequel était couchée la statue du pape existe encore et indique la disposition générale de celui de Clément VI, disposition d'ailleurs traditionnelle et qui se retrouve au monument d'Innocent VI, à Villeneuve-lès-Avignon. Mais la différence des dimensions, des matériaux et du salaire payé aux artistes montre clairement combien plus magnifique était le mausolée de la Chaise-Dieu. Les auteurs de celui-ci reçurent 3,500 florins d'or; Jean de Paris n'en avait touché que 650.

Ces auteurs, dont les noms, croyons-nous, n'ont jamais été mis au jour, étaient au nombre de trois : le maître se nommait Pierre Roye, les deux aides Jean *de Sanholis* et Jean David, évidemment Français tous les trois, quoique leur lieu d'origine ne soit pas parfaitement déterminé. Roye était probablement issu du nord de la France où plusieurs localités portent son nom (1); son style ne dément pas cette supposition. Ses collaborateurs appartenaient plutôt aux provinces méridionales (2). Ainsi tombe la tradition accréditée par Dom Genoux et reçue par M. Branche, d'après laquelle un artiste italien aurait exécuté cet ouvrage moyennant un salaire de 5,000 sous d'or. A la cour d'Avignon, les sculpteurs ne vinrent pas, comme les peintres, d'Italie (3). Il s'y était établi, dès les pontificats précédents, non pas une école autochtone, telle que les illustres écoles de Champagne, de Bourgogne, etc., mais

(1) Dans l'Oise, l'Aisne, la Somme ; un hameau de 16 habitants dans la Gironde a la même dénomination ; mais le Dictionnaire des postes ne mentionne pas de Roye dans le Languedoc, la Provence, ni le Comtat-Venaissin.

(2) S'il y a dans les provinces du centre et du midi de la France un très grand nombre de localités dont le radical est *Saigne, Sagne,* il en est fort peu qui répondent à la forme *Sanholi.* On peut proposer *les Sagnolles* (auj. dans le dép. de la Loire, commune de Saint-Martin en Coailleux), ou *Saignon* (Vaucluse, arr. d'Apt). — Des David, il s'en trouve dans toute la France, mais plus abondamment dans les provinces méridionales, au sud de la Loire et de la Saône.

(3) Émeric David, en l'absence de tout document, avait déjà signalé le fait avec son habituelle sagacité : « Il a été consacré à la mémoire des papes d'Avignon, tous nés Français, de nombreux mausolées exécutés dans nos provinces méridionales, et la plupart d'une grande richesse. Il n'est pas possible que ces monuments soient dus à des artistes venus de l'Italie ; car, si ce fait était vrai, les écrivains italiens se seraient gardés de passer sous silence des ouvrages si considérables... Ils n'auraient pas négligé

une colonie artistique française, attirée par les largesses des souverains pontifes et des prélats qui les entouraient, par l'affluence de souverains, de dignitaires ecclésiastiques et laïques qui s'y succédaient, par la certitude de travaux généreusement rémunérés. Si des sculpteurs nés dans le pays même ou dans des régions immédiatement voisines y trouvèrent une place honorable et plus tard en constituèrent le principal élément, l'impulsion leur fut donnée par des maîtres venus du nord de la France, dont le premier en date est l'exécuteur du tombeau de Jean XXII. Pendant tout le cours du xiv° siècle, l'école d'Avignon ne le cède guère à ses émules de Paris et de Dijon. Ses sculpteurs enrichissent de monuments funéraires (1) les églises d'Avignon et du Comtat que les papes, les officiers de leur cour, les cardinaux, les prélats choisissaient pour lieu de sépulture, Notre-Dame-des-Doms, Saint-Martial, les Célestins, les Cordeliers, les Carmes, la Chartreuse et la Collégiale de Villeneuve, et même des basiliques lointaines comme la Chaise-Dieu, comme Saint-Martial de Limoges où Guillaume d'Aigrefeuille, mort à Viterbe en 1369 (2), et Gui de Chanac, cardinal de Mende, mort en 1384 (3), se firent enterrer dans des sépulcres vraiment magnifiques. Cette succession ininterrompue de maîtres imagiers, dont notre Pierre Roye marque

une colonie italienne dont les membres se seraient succédé en deçà des monts pendant quatre-vingts ans. »

(1) Je me contenterai de citer parce qu'il en reste quelque chose, soit au lieu de leur établissement primitif, soit au musée d'Avignon, ceux de Benoît XII, du cardinal Arnaud de Via, neveu de Jean XXII, d'Innocent VI, d'Urbain V, de l'antipape Clément VII ; le monument du cardinal de La Grange († 1402), l'un des fauteurs du schisme d'Occident, qui présente, dans l'image bizarre du défunt presque entièrement nu, des traits de naturalisme outré et maniéré où se trahit déjà la décadence d'une école qui avait eu beaucoup d'éclat. La tombe d'Innocent V offre la même disposition architectonique que celles de Jean XXII et de Clément VI, un dais de marbre en forme d'édicule surmontant un coffre de pierre qui porte l'effigie du défunt, couché et endormi. L'ornementation ingénieuse, finement découpée, que comporte le gothique rayonnant, est traitée avec une parfaite habileté de ciseau ; mais il n'y a plus d'autre statue que celle du gisant.

(2) « Corpus ejus inde (e Viterbio) translatum est in urbem Lemovicensem illicque sepultum est ad sinistram majoris altaris basilicæ Sancti Martialis in sepulcro sane magnifico, quod ego olim vidi. » (Baluze, *loc. cit.* I, c. 904.)

(3) Son monument, achevé en 1385, fut payé à Jean Lecourt 530 florins plus 50 francs d'or (article de M. Louis Guibert dans le *Cabinet historique*, 20e année, 1re partie. p. 233-242). Il serait intéressant de dresser une liste des monuments funéraires de cette école qui peuvent exister encore. C'est naturellement dans les églises du Limousin, de la Guyenne, du Languedoc qu'il faut les chercher, dans les provinces dont les papes d'Avignon etaient issus, où leurs parents laïques tenaient des fiefs, où leurs proches et leurs familiers

la seconde époque, comme Jean de Paris la première et Jean Lecourt
la troisième, conserva résolument pendant le xiv° siècle et la
première moitié du siècle suivant les caractères de la sculpture
française, purs de toute immixtion italienne, tandis que la peinture, d'abord réservée par la cour d'Avignon à des mains lan-
guedociennes et provençales, subit, à partir de la venue de
Simone di Martino (1339), l'influence des écoles ombrienne et
toscane.

Clément VI eut la satisfaction de voir, de son vivant, son
tombeau parfaitement achevé et placé dans l'asile auquel il l'avait
destiné. Aussi bien n'avait-il pas attendu, pour le préparer,
la maladie ni la vieillesse. Dès la quatrième année de son
pontificat, la cinquante-quatrième ou cinquante-cinquième
de son âge, en 1346 (1), il fait acheter les matériaux nécessaires,
marbre et albâtre, moyennant 300 florins. Pierre Roye et ses
compagnons durent sans retard se mettre à l'œuvre ; mais ce n'est
qu'en 1349 qu'on commença à leur payer des acomptes : 600 florins pour le marbre blanc et noir qu'ils avaient fourni, et 300 florins

occupaient des siéges épiscopaux ; les uns et les autres confiaient l'exécution de leurs
tombeaux à ces artistes avignonnais dont ils avaient vu les chefs-d'œuvre. Je me borne-
rai à signaler, outre ceux que j'ai déjà cités :

1° A Saint-Etienne de Limoges, les sarcophages du cardinal Renaud de La Porte d'Al-
lassac, mort en 1326 évêque d'Ostie, et de son neveu Bernard Brun, successivement
évêque du Puy, de Noyon et d'Auxerre ;

2° A la cathédrale de Rodez, celui d'un évêque du xiv° siècle ;

3° A Narbonne, le magnifique tombeau de Pierre de La Jugie mort à Pise le 26 novembre
1376, en accompagnant Grégoire XI à Rome. Son corps fut transporté à Narbonne, et en-
seveli dans le mausolée qu'il avait fait exécuter de son vivant, dit Baluze (1,1434), et assurément à Avignon où il vivait auprès du Pape son cousin. Mérimée *(Notes d'un voyage
dans le midi de la France*, p. 398) épuise les formules de l'admiration sur ses sculptures,
qu'il croit du xiii° siècle, ayant placé la mort de Pierre de La Jugie 102 ans trop tôt. « Les
petites figures d'évêques, sculptées sur le monument, sont admirables ; les poses, les dra-
peries sont d'une vérité prodigieuse, et je n'hésite pas à dire que ces statues ne le cèdent
pas pour la grâce aux meilleurs ouvrages de la Renaissance. » Il est certain qu'outre
un naturalisme de bon aloi qui n'exclut pas l'ampleur du style, une alliance bien pro-
portionnée des formes architectoniques et de la statuaire, qualités habituelles aux artistes français de ce temps (cf. les belles statues d'un contrefort de la cathédrale d'Amiens,
contemporaines de Charles V, parmi lesquelles figure encore le cardinal de La Grange),
ces imagiers apportaient, dans l'exécution, un soin et un goût particuliers que fait valoir
la finesse des matériaux choisis. Une partie du monument de Narbonne est conservée
au musée de Toulouse.

(1) 26 avril 1346. — « Solvimus Albussoni Macelini pro vii lapidibus de alabastro inte-
gris et uno alio lapide diviso in duas partes emptis ab eodem pro factura sepulcri domini nostri pape Clementis VI, iii° fl. » (*Cameral.* 237, f° 144.)

pour leur salaire. Les versements s'échelonnent ensuite jusqu'au 29 avril 1351, époque du règlement définitif où maître Roye reconnait avoir reçu la somme totale de 3,500 florins (1). Tout énorme que semble ce prix, la générosité du pape ne s'en contenta pas. Pour récompenser l'artiste du talent et de la fidélité avec lesquels il avait exprimé ses traits, il donna de vive voix à son trésorier l'ordre de lui remettre une gratification de 120 écus d'or neufs (2).

Les termes du compte paraissent établir sans équivoque que les pièces du mausolée ne furent pas transportées d'Avignon en 1353 avec le corps même du pontife défunt, et que dès 1351 on les installa dans leur place définitive (3).

Clément VI mourut le 6 décembre 1352. Au printemps suivant, quand les routes furent ouvertes, un cortège magnifique (4) conduisit en grande pompe sa dépouille, cousue dans une peau de cerf, jusqu'au monastère de la Chaise-Dieu. Ce cortège comptait cinq cardinaux : Hugues Rogier, du titre de Saint-Laurent in Damaso, frère du pape ; Guillaume d'Aigrefeuille, du titre de Sainte-Marie in Trastevere, son cousin ; Pierre Rogier de Beaufort, Guillaume de La Jugie et Nicolas de Besse, cardinaux-diacres,

---

(1) « Die penultima mensis aprilis (1351), facto computo cum magistro Petro Roye, magistro operis sepulture domini nostri pape, et Johanne de Sanholis et Johanne Davidis, ejus sociis, de expensis factis pro dicta sepultura sive tumba et mutuis sibi factis de mandato domini nostri pape, ejus scientia et precepto, repertum est dictis magistro Petro et sociis suis eis deberi prout sequitur: Primo sequitur recepta per eos facta a Camera et per me eis tradita, videlicet in anno XLIX, primo pro marmore nigro et albo, VIe flor. » Puis, le 6 juin 1349, 300 florins ; le 21 août, 300 flor. ; le 25 septembre, 400 flor. ; le 2 décembre, 300 flor. En 1350, le 29 mars, 400 flor. ; le 3 juillet, 400 flor. ; le 18 octobre, à Jean de Sanhols, mandataire de maître Pierre et de son compagnon, 400 flor. Enfin, le 29 avril 1351, pour l'achèvement du tombeau, 400 flor. (*Cameral.* 161, f° 125.) Le florin pesait environ 12 à 13 francs d'or ; mais il vaudrait cinq fois plus en valeur actuelle.

(2) « Die XIX mensis maii (1351) traditi fuerunt de mandato domini nostri pape, per ipsum michi facto oraculo vive vocis, magistro Petro Roye, magistro tumbe sive sepulture domini nostri sculpte et facte in abbatia Case Dei, pro sculptura imaginis sui corporis de marmore nigro. » (*Cameral.* 263, f° 108.) C'est une erreur du trésorier, la statue est de marbre blanc. Mais cette erreur s'explique si, comme paraissent l'indiquer ces mots : *sculpté et fait dans l'abbaye de la Chaise-Dieu,* le tombeau, transporté déjà dans l'église de Saint-Robert, n'était plus sous les yeux du comptable.

(3) Contrairement à l'assertion dénuée de preuves de Dom Genoux, acceptée par M. Branche et par M. Mandet, *loc. cit.*

(4) Les cinq cardinaux ici nommés reçurent d'Innocent VI, le 28 février 1353, 5.000 florins pour que cette cérémonie fût digne du pontife décédé et du pontife régnant. J'ai signalé plus haut cette largesse et l'emploi qu'on en dut faire.

ses trois neveux ; ces personnages avaient leur effigie sur le monument de leur oncle ; ils remplissaient, en l'accompagnant, un devoir de gratitude. Huit archevêques, six évêques (1), plusieurs abbés, comtes et grands seigneurs, parmi lesquels Guillaume Ier de Beaufort tenait le premier rang à raison de sa parenté, y figuraient aussi (2). Ce cortège s'arrêtait dans les principales villes ; il arriva le 8 avril à sa destination, où il fut reçu par l'abbé Étienne d'Aigrefeuille, cousin du défunt.

Le corps du pontife fut alors déposé, sur des barres de fer, dans un caveau creusé au milieu du chœur, sous l'emplacement occupé par la tombe actuelle. On le surmonta d'une voûte en pierre de taille, décorée, avec beaucoup d'éclat, de roses et de croix d'or. A cette voûte on superposa trois planchers, et c'est au-dessus de ces planchers que s'éleva le mausolée de marbre noir (3). Les moines ne bornèrent pas à la cérémonie des funérailles, qui durèrent cependant plusieurs jours, les honneurs pieux rendus à la mémoire de leur bienfaiteur : il fut décidé en conseil capitulaire que chaque jour à perpétuité, après la messe conventuelle, le célébrant assisté d'un diacre, viendrait donner l'absoute et réciter les prières des morts devant son tombeau. Cette coutume fut pratiquée jusqu'à l'expulsion des derniers moines par la Révolution.

Suivant la volonté de Pierre Rogier, d'autres tombeaux se groupèrent auprès du sien : celui d'abord de Nicolas Rogier, archevê-

(1) Selon Duchesne (*Histoire des chanceliers de France*, cité par Baluze, t. I, c. 927). Dom Genoux et M. Branche disent seulement trois archevêques et plusieurs évêques, mais nous aimons mieux croire le consciencieux Baluze, quoiqu'il reproche à Duchesne de ne pas indiquer la source où il a puisé. Pour les cinq cardinaux, dont la désignation est certaine, M. Branche n'est pas parfaitement exact ; il place Guillaume d'Aigrefeuille parmi les neveux de Clément VI, et donne comme son cousin un cardinal Pierre de la Vigerie qui m'est inconnu ; il s'agit de son neveu Pierre Rogier de Beaufort, qui fut le pape Grégoire XI.

(2) Les membres de sa nombreuse famille, ecclésiastiques ou laïques, établis dans le centre et le midi de la France, ceux surtout qu'il avait fait sculpter autour de son tombeau n'y pouvaient manquer. Raymond d'Aigrefeuille, évêque de Rodez et cousin du pape, affirme dans son testament qu'il était présent (Baluze, I, 1453). A cette occasion, il avait promis au monastère 100 florins d'or, exemple certainement suivi par bon nombre d'assistants.

(3) B. N. mss. lat. 12,664 f⁰ 102 (Pièces justificatives, n⁰ VII). Cf. Dom Genoux, p. 542 et suiv. et M. Branche, p. 246.

Tombeau dit de Renaud de Montclar.

que de Rouen, son oncle († 1347), dans un bas côté ; puis ceux du cardinal Guillaume de La Jugie, son neveu (mort à Avignon, 1374), tombe modeste dans le chœur, dit Baluze, couverte d'une simple dalle, et du comte Guillaume Ier de Beaufort (mort après 1378), qui fit construire pour lui et ses descendants, en avant du chœur, un imposant sarcophage de marbre noir. Ce droit de sépulture fut réclamé jusqu'au xve siècle par les héritiers des Beaufort (1). Il ne reste rien de ces divers sépulcres auxquels nos artistes d'Avignon avaient certainement mis la main.

On voit cependant, dans le haut du collatéral de droite, un tombeau contemporain qui serait, d'après les indications de la *Gallia Christiana*, celui de l'abbé Renaud de Montclar († 1346) (2).

Nous ne croyons pas, pour deux raisons, à l'exactitude de cette attribution. D'abord, les ornements renflés du fronton en forme de feuilles de chou frisé accusent une époque postérieure de quelque trente ans. Puis les six statuettes sculptées en ronde-bosse sur la face inférieure du monument, malheureusement mutilées de la façon la plus barbare, ne représentent pas des figures allégoriques qui eussent convenu à la tombe d'un religieux, mais sans nul doute des personnages de la parenté du défunt, comme au tombeau de Clément VI. Il y a là deux femmes, un chevalier en harnais de guerre, et des trois autres figures, deux paraissent être des dignitaires laïques plutôt que des prélats. Nous pencherions à voir là de préférence le monument d'un des Beaufort. Quoi qu'il en soit, il mérite d'être remarqué (3). Un arc engagé dans la muraille, portant un fronton à pignon, le surmonte. Dans le tympan du pignon, l'âme du défunt s'élève au ciel, soutenue par des anges : c'est l'allégorie dont use communément l'art religieux du xive siècle en France et en Italie. La mutilation des six statuettes de la face antérieure, placées chacune dans un compartiment distinct, n'empêchent pas de juger avec quelle justesse de mouve-

---

(1) Au xve siècle Louis de Beaufort et Jeanne de Norry, son épouse, paraissent être les derniers qui en usèrent. (Branche, *op. cit.* I, p. 248.)

(2) L'abbé Bonnefoy, *op. cit.* p. 51.

(3) La pitoyable boiserie qui le transforme en fonts baptismaux en gâte tout à fait l'aspect. On devrait bien la supprimer.

ment et quelle souplesse de ciseau elles étaient traitées. Le long de la voussure de l'arcade montent dix médaillons en forme de quatre-feuilles, cinq de chaque côté, tenant par un lobe à la moulure interne de l'archivolte avec laquelle ils font corps, par les lobes supérieur et inférieur aux médaillons adjacents. Ces quatre-feuilles découpés à jour encadrent de petites figures d'anges à mi-corps, qui chantent, en s'accompagnant chacun d'un instrument différent, flûte, violon, luth, harpe, orgue, rebec et mandoline, les louanges du Seigneur. Il y a dans ces figures tant de grâce, de vérité et de variété d'attitudes, elles sont si ravissantes, que les iconoclastes, huguenots ou révolutionnaires, semblent en avoir été touchés et qu'ils les ont à peu près épargnées. Les chérubins de Donatello offrent un autre type et un autre style ; ils ne sont ni plus délicats ni plus achevés. On en jugera très-imparfaitement par la reproduction jointe à ce mémoire. Il n'est pas téméraire de penser que ce travail a été exécuté à Avignon.

Il reste à se demander si cette église de Saint-Robert où tout parlait, où tout parle encore aujourd'hui du pape Clément VI, a conservé le corps de son bienfaiteur. La tradition accréditée par Branche à la suite de D. Genoux, de Papyre Masson, de la *Gallia Christiana*, etc. raconte que le tombeau aurait été ouvert par les huguenots lors du pillage de 1562, les ossements dispersés, et qu'un des officiers de Blacons aurait pu se vanter d'avoir bu dans le crâne d'un pape. Heureusement ce n'est là qu'une légende. Dès 1729, le P. Desmolets, dans sa *Continuation des mémoires de littérature et d'histoire* (t. VIII. p. 189 et suiv.) s'inscrivait en faux contre cette opinion. Il citait le procès-verbal du chirurgien Pissavin qui avait procédé en 1709 à l'examen des restes du pape et les avait reconnus entiers. Il établissait la genèse de cette invention romanesque depuis Papyre Masson jusqu'à Dom Pomeraye (*Hist. des archev. de Rouen*, p. 505) qui croit être plus exact en racontant que le tombeau ne fut pas ouvert, mais que le marquis de Curton aurait tiré le crâne du souverain pontife de la tête brisée de la statue pour s'en servir comme d'un gobelet.

Nous donnons en pièce justificative (VII) la note tirée des *Annales benedictinæ* (Bibl. nat. mss. lat. 12664 f⁰ˢ 102-103) qu'a dû connaître le P. Desmolets et qui parait être de la main de Dom

Boyer. Cette note relate les particularités très concluantes du procès-verbal du chirurgien Pissavin. Il en résulte que la sépulture n'a pas été violée. Les huguenots l'ont tenté puisqu'ils ont renversé le mausolée, mais ils ont été arrêtés par la voûte et les trois planchers qu'il aurait fallu percer pour aller jusqu'au tombeau même. Ils croyaient sans doute le corps dans le coffre de marbre noir. Ne l'y trouvant pas, ils ne sont pas allés plus loin.

Il y a donc toute probabilité que les cendres de Clément VI sont demeurées, comme il était juste, dans le bel édifice dû à sa générosité. Que notre vénération se plaise à y chercher le souvenir de ce pape limousin, d'un savoir et d'une intelligence exceptionnels (1), qui occupa le siège de Pierre, pendant dix années d'une époque difficile, avec sagesse et dignité. Le récit de la construction de l'église de la Chaise-Dieu doit se terminer par un hommage à sa mémoire.

---

(1) « Homme éminent à beaucoup de points de vue, » dit l'historien allemand Pastor dans son *Histoire des papes depuis le moyen âge.* Pétrarque (*Rer. memorand.* lib. II. éd. de Bâle, 1581, p. 409) attribue sa prodigieuse mémoire à la blessure qu'il avait reçue à la tête dans sa jeunesse et qui nécessita l'opération du trépan dont parle le chirurgien Pissavin.

PIÈCES JUSTIFICATIVES

I. — *Détail des sommes fournies par le souverain pontife pendant les années 1344,*
1345, 1346, 1347 (1).

Anno Domini ᴍ° ᴄᴄᴄ xᴌɪɪɪɪ sanctissimus in Christo pater dominus Clemens, divina providente clementia papa sextus, disposuit et ordinavit ecclesiam fieri et fabricari de novo funditus in monasterio Case Dei in Arvernia, pro cujus fabrica misit pecunias infrascriptas dispensandas seu expendendas pro eadem fabrica per abbatem et conventum predicti monasterii seu personas deputandas ab eis.

Unde sciendum est quod, anno predicto et die ɪɪɪɪ mensis maii, reverendus pater dominus Reginaldus, bone memorie, abbas monasterii Case Dei, ex parte domini nostri pape assignavit et tradidit viris religiosis dominis Hugoni D'Ussom, priori secundo, et Andree Juvencelli, helemosynario majori dicti monasterii Case Dei, deputatis per ipsos abbatem et conventum ad custodiendum et tradendum temporibus oportunis dispensatoribus fabrice memorate, ɪɪᵐ floren. auri boni ponderis.

Item, anno quo supra et die xɪɪ mensis januarii, prefatus dominus abbas assignavit et tradidit ex parte ipsius domini pape, per manus domini Anthonii Laytent, prefatis dominis priori secundo et Andree Juvencelli helemosynario ɪɪɪɪᶜ floren. auri boni ponderis.

Item, anno quo supra et die xxvɪ mensis februarii, prefatus dominus abbas assignavit et tradidit prenominatis dominis priori secundo et helemosynario, per manus Jordani domicelli sui, ɪɪᶜ floren. auri boni ponderis.

Item, anno Domini ᴍ° ᴄᴄᴄ° xᴌ° quinto et die xx mensis aprilis, prefatus dominus abbas assignavit et tradidit dictis dominis priori secundo et helemosynario, per manus domini Bertrandi de Balens, prioris Sancti Desiderii, ɪx° xvɪɪ floren. auri boni ponderis.

Item, anno quo supra et die xvɪɪɪ mensis junii, predictus dominus abbas assignavit et tradidit predictis dominis priori secundo et helemosynario ɪɪɪᶜ floren. auri boni ponderis.

Item, anno quo supra et die vɪɪ mensis augusti, predictus dominus abbas assignavit et tradidit dictis dominis priori secundo et helemosynario cxx flor. auri boni ponderis.

<hr>

(1) Arch. Vat. *Camere intr. et exit.* reg. 228, f⁰˙ 1 et suiv.

Item, anno quo supra et die vii mensis augusti, prefatus dominus abbas assignavit et tradidit predictis dominis priori secundo et helemosynario lxiii flor. auri boni ponderis.

Summa florenorum receptorum a dicto domino abbate R. : iiiiᵐ florenorum auri boni ponderis.

Item, anno quo supra et die x mensis augusti, dominus Anthonius Laytenti, de pecunia recepta per eum a camera domini nostri pape, assignavit et tradidit dominis priori secundo et helemosynario m vᶜ scudatos auri.

Item, eodem anno et die xxv mensis januarii, predictus dominus Anthonius Laytenti, de pecunia recepta per eum a camera domini nostri pape predicti, assignavit predictis etc. m vᶜ scudatos auri.

Item, anno Domini mᵒ cccᵒ xlviᵒ et die xvi mensis septembris, predictus dominus Anthonius Laytenti, de pecunia recepta per eum a camera domini nostri pape predicti, assignavit et tradidit predictis dominis priori et helemosinario m vᶜ scudatos auri.

Item, anno quo supra et die xi mensis novembris, idem dominus Anthonius Laytenti, de pecunia per eum recepta a predicta camera apostolica, assignavit et tradidit predictis dominis priori secundo et helemosinario m cccc lxxxviii scudatos auri.

Item, anno Domini mᵒ cccᵒ xlviiᵒ et die xxv mensis.., idem dominus Anthonius Laytenti, de pecunia recepta per eum a dicta camera domini nostri pape, assignavit et tradidit predictis dominis priori secundo et helemosinario m vᶜ scudatos auri.

Item, anno quo supra et die xi mensis septembris, prefatus dominus Anthonius Laytenti, de pecunia recepta per eum a camera domini nostri pape, assignavit et tradidit predictis dominis priori secundo et helemosinario iiᵐ scudatos auri.

Summa predictorum scudatorum auri per manus domini Anthonii Laytenti : ixᵐ iiiiᶜ lxxxvii scudatos auri.

II (1). — *Compte   sal aires et des indemnités d'entretien* (2)
(1344-1347.)

Item, sciendum est quod, ad hoc ut magister et operarii libentius venirent ad opus dicte fabrice, reverendus pater dominus Reginaldus abbas monasterii Case

---

(1) Arch. Vat. *Camere intr. et exit.* reg. 228, fᵒˢ 66 et suiv.

(2) Ce long fragment m'a semblé présenter quelque intérêt, parce que les documents relatifs aux salaires des ouvriers sont rares pour le xivᵉ siècle. On peut rapprocher les *Documents relatifs aux travaux de construction faits à la cathédrale de Troyes pendant les xiiᵉ, xiiiᵉ et xivᵉ siècles*, publiés par M. d'Arbois de Jubainville dans la *Bibliothèque de l'Ecole des Chartes* (23ᵉ année 1862. p. 211 et suiv.). A Troyes, les maitres maçons et tailleurs de pierre, pendant les années 1365, 1366 et suivantes. touchent 2 sous tournois par journée d'hiver et 3 sous 6 deniers par journée d'été; un peu après, le prix des journées monte à 4 sous (monnaie de compte). Maitre Thomas, le directeur de l'œuvre, est payé à raison de 3 gros tournois et demi par jour d'été, et trois gros seulement en hiver (le gros tournois était une monnaie réelle établié par Jean II en 1360 et valant

Dei ordinavit et voluit quod, ultra dietam cotidianam, infrascriptis magistris pro messe (?) darentur avantatgia que sequuntur quolibet anno :

Et primo, anno Domini mcccxliiii⁰ , assignavit idem dominus abbas magistro Hugoni Maurelli, magistro operis principali, quatuor sestaria siliginis, pro quibus solvi lii sol. turon.

Item, assignavit eidem Hugoni duo modia vini, pro quibus solvi vi libras turonensium.

Item, assignavit eidem Hugoni carnes unius bovis, pro quibus solvi xl s. turon.

Item, assignavit idem dominus abbas dicto Hugoni ligna combustibilia pro necessitate hospicii sui, pro quibus solvi xx s. turon.

Item, assignavit eidem magistro Hugoni hospicium pro habitatione sua et uxoris sue et familie sue, pro cujus celario solvi xxxv s. turon.

Item, anno quo supra, assignavit idem dominus abbas magistro Petro Falciat quatuor sestaria siliginis, pro quibus solvi lii s. turon.

Item, assignavit idem dominus abbas dicto Petro unum modium vini, pro quo solvi lx s. turon.

Item, assignavit eidem Petro carnes unius bovis, pro quibus solvi xl s. turon.

Item, assignavit eidem Petro ligna combustibilia, pro quibus solvi xx s. turon.

Item, assignavit eidem Petro hospicium pro habitatione sua, pro quo solvi xxxv s. turon.

Item, assignavit idem dominus abbas dicto Petro pro annua pencione lx s. turon.

Item, assignavit Jacobo Delmas unum sestarium siliginis, pro quo solvi xiii s. iiiᵒʳ den.

Item, assignavit Roberto Boscho unum sestarium siliginis, pro quo solvi xiii s. iiii den.

Item, assignavit dicto Labicho unum sestarium siliginis, pro quo solvi xiii s. iiii den.

Item, assignavit dicto Valanti duo sestaria siliginis, pro quibus solvi xxvi s. viii den.

Item, assignavit Johanni Boscho unum sestarium siliginis, pro quo solvi xiii s. iiii den.

1 s. 3 den.). Il s'en faut qu'à la Chaise-Dieu les salaires soient aussi forts, sauf celui des maltres Hugues Morel et Pierre de Cébazat qui en approche. Les pensions annuelles des ouvriers ne sont guère que de 50 sous tournois. Prenons garde toutefois qu'ils ne travaillaient pas à la tàche, mais à gages, recevant ou des indemnités d'entretien ou leur nourriture en nature, puis que les espèces d'argent, en supposant qu'on ne les payàt pas en monnaie d'or, restérent jusqu'en 1316 plus fortes qu'elles ne furent sous Charles V. Sous le règne de ce prince en effet, à partir de 1365, la valeur de la livre déduite des espéces d'argent fut seulement de 8 fr. 68. (Cf. Quicherat, *Notice sur plusieurs registres de l'œuvre de la cathédrale de Troyes*, et Gadan, *Comptes de l'église de Troyes* dans la *Collection du Bibliophile troyen, 1852.*)

Item, assignavit Matheo Dinada duo sestaria siliginis, pro quibus solvi xxiv s. turon.

Item, assignavit Johanni Auzepi unum sestarium siliginis, pro quo solvi xii s. turon.

Item, assignavit dicto Pachol unam eminam siliginis, pro qua solvi vi s. turon.

Item, assignavit dicto Malauro unam eminam siliginis, pro qua solvi iiii s. turon.

Item, solvi St. Asterii, pro annua pensione sibi assignata, xx s. turon.

Item, solvi Petro Iterii, pro annua pensione sibi assignata, xx s. turon.

Item, solvi St. de Borbo, pro annua pensione sibi assignata, xx s. turon.

Item, solvi Hugoni Faremont, pro annua pensione sibi assignata, xx s. turon.

Item, solvi magistro Petro de Sabazaco, magistro fabrice Clar[omontensis], pro annua pensione sibi assignata per predictum dominum abbatem, x lib. turon.

Item, solvi eisdem magistris Petro de Sabazaco et Hugoni Maurelli et Petro Falciat, pro raubis cum fulraturis eis assignatis, vii lib., vii s. turon.

Item, anno Domini mcccxlv, assignavit prefatus dominus abbas magistro Hugoni Maurelli quatuor sestaria siliginis, pro quibus solvi xliiii s. turon.

Item, assignavit dicto Hugoni duo modia vini, pro quibus solvi v libr. turon.

Item, assignavit dicto Hugoni carnes unius bovis, pro quibus solvi xl s. turon.

Item, assignavit dicto Hugoni ligna combustibilia, pro quibus solvi xx s. turon.

Item, assignavit dicto Hugoni hospicium pro habitatione sua, pro quo solvi xxxv s. turon.

Item, assignavit magistro Petro Falciat iiiᵒʳ sestaria siliginis, pro quibus solvi xliiii s. turon.

Item, assignavit eidem magistro Petro unum modium vini, pro quo solvi l s. turon.

Item, assignavit eidem Petro carnes unius bovis, pro quibus solvi xl s. turon.

Item, assignavit eidem Petro ligna combustibilia, pro quibus solvi xx s. turon.

Item, assignavit eidem Petro hospicium pro habitatione sua, pro quibus (sic) solvi xxxv s. tur.

Item, solvi eidem Petro pro annua pensione sibi assignata, lx s. turon.

Item, assignavit Johanni Valanti duo sestaria siliginis, pro quibus solvi xxi s. iiiiᵒʳ den.

Item, assignavit Matheo Dinada duo sestaria siliginis, pro quibus solvi xxi s. iiiiᵒʳ den.

Item, assignavit Jacobo Delmas unum sestarium siliginis, pro quo solvi x s. viii den.

Item, assignavit Johanni Laurent unum sestarium siliginis, pro quo solvi x s. viii den.

Item, assignavit Johanni Auzepi unum sestarium siliginis, pro quo solvi x s. viii den.

Item, assignavit Johanni Boscho unum sestarium siliginis, pro quo solvi x s. viii den.

Item, assignavit Roberto Boscho unum sestarium siliginis, pro quo solvi x s. viii den.

Item, assignavit dicto Pachol et Malauro unum sestarium pro quo solvi x s. viii den.

Item, solvi St. Asteyr, pro annua pensione sibi assignata, xx s. turon.

Item, solvi Jacobo Delmas, pro annua pensione sibi assignata, xx s. turon.

Item, solvi Johanni Beuvays, pro annua pensione sibi assignata, xx s. tur.

Item, solvi Johanni Labecho, pro annua pensione sibi assignata, xx s. turon.

Item, solvi magistro Petro de Sabazaco, magistro ecclesie Clar[omontensis], pro annua pensione sibi assignata, x libr. turon.

Item, solvi pro raubis cum fulraturis assignatis magistris Petro de Sabazaco et Hugoni Maurelli et Petro Falciat, x lib. xi s. vi den.

Item, assignavit dominis Guillelmo Duriana et Johanni de Robert (1), pro calciamento ipsorum xxx s. solvi lx s. turon.

Item, anno Domini mcccxlvi, assignavit prefatus dominus abbas predicto magistro Hugoni Maurelli iiii°r sestaria siliginis, pro quibus solvi lxx s. turon.

Item, solvi eidem Hugoni Maurelli, pro avantatgis sibi assignatis in duobus modiis vini, viii lib. tur.

Item, assignavit eidem Hugoni carnes unius bovis, pro quibus solvi xl s. tur.

Item, assignavit eidem Hugoni ligna combustibilia, pro quibus solvi xx s. tur.

Item, assignavit eidem Hugoni hospicium pro habitatione sua, pro quibus (sic) solvi xl s. tur.

Item, assignavit magistro Petro Falciat iiii°r sestaria siliginis, pro quibus solvi lxxii s. tur.

Item, assignavit eidem Petro unum modium vini, pro quo solvi iiii°r libr. tur.

Item, assignavit eidem Petro carnes unius bovis, pro quibus solvi xl s. tur.

Item, assignavit eidem Petro hospicium pro habitatione sua, pro quibus solvi xxxv s. tur.

Item, assignavit eidem Petro ligna combustibilia, pro quibus solvi xx s. tur.

Item, solvi eidem Petro, pro annua pensione sua, lx s. tur.

Item, solvi Johanni Valanti pro ii sestariis siliginis sibi atributis, xxxiiii s. tur.

Item, assignavit Matheo Dinada ii sestaria siliginis, pro quibus solvi xxxiiii s. tur.

Item, assignavit Jacobo Delmas unum sestarium siliginis, pro quo solvi xvii s. tur.

Item, assignavit Johanni Laurent unum sestarium siliginis, pro quo solvi xvii s. tur.

---

(1) Ils allaient à Avignon recevoir la subvention pontificale.

Item, assignavit Johanni Auzepi unum sestarium siliginis, pro quo solvi xvii s. tur.

Item, assignavit Johanni Boscho unum sestarium siliginis, pro quo solvi xvii s. tur.

Item, assignavit Roberto Boscho unum sestarium siliginis, pro quo solvi xvii s. tur.

Item, assignavit Johanni de Portu Dei unum sestarium siliginis, pro quo solvi. . . . . . .

Item, solvi dicto Fornols et dictis Regulhet et Palisso et Johanni Disdeyr et dicto Rodelh iii sestaria siliginis, pro quibus solvi li s. tur.

Item, assignavit dicto Pachol unam eminam siliginis, pro qua solvi ix s. tur.

Item, solvi Matheo Rocha in annumerationem dietarum suarum x s. tur.

Item, solvi Poncio de Chalanconio, pro annua pensione sibi assignata, x s. tur.

Item, solvi Johanni de Brozac, pro annua pensione sibi assignata, x s. tur.

Item, solvi Dur. Buruisso, pro annua pensione sibi assignata, x s. tur.

Item, solvi dicto Labicho, pro annua pensione sibi assignata, xii s. tur.

Item, solvi Petro Iterii, pro annua pensione sibi assignata, xx s. tur.

Item, solvi Jacobo Delmas, pro annua pensione sibi assignata, xx s. tur.

Item, Johanni Beusvays, pro annua pensione sibi assignata, xx s. tur.

Item, solvi magistro Petro de Sabazaco, magistro fabrice Clar[omontensis], pro annua pensione sibi assignata, x libr. tur.

Item, solvi pro raubis, videlicet magistro Petro de Sabazaco et Hugoni Maurelli et Petro Falciat, cum fulraturis, xiii libr., xii s. tur.

Item, solvi St. Larzasso, pro annua pensione sibi assignata, xxxii s. tur.

Item, solvi Hugoni Faremont, pro annua pensione sibi assignata, xxx s. tur.

Item, anno Domini mcccxlvii, assignavit predictus dominus abbas magistro Hugoni Maurelli iiii°r sestaria siliginis, pro quibus solvi vi libr. xii s.

Item, assignavit eidem Hugoni duo modia vini, pro quibus solvi x libr.

Item, assignavit eidem Hugoni carnes unius bovis, pro quibus solvi l s. tur.

Item, assignavit eidem Hugoni hospicium pro habitatione sua, pro quo solvi xxx s. tur.

Item, assignavit eidem Hugoni ligna combustibilia, pro quibus solvi xx s. tur.

Item, assignavit magistro Petro Falciat iiii°r sestaria siliginis, pro quibus solvi vi libr. vii s.

Item, assignavit eidem Petro unum modium vini, pro quo solvi v libr. tur.

Item, assignavit eidem Petro carnes unius bovis, pro quibus solvi. l s. tur.

Item, assignavit eidem Petro ligna combustibilia, pro quibus solvi xx s. tur.

Item, assignavit eidem Petro hospicium pro habitatione sua, pro quo solvi xxxv s. tur.

Item, assignavit eidem Petro pro pensione annua, pro qua solvi lx s. tur.

Item, assignavit Johanni Valanti duo sestaria siliginis, pro quibus solvi lxv s. tur.

Item, assignavit Matheo Dinada duo sestaria siliginis, pro quibus solvi lxvi s. tur.

Item, assignavit Johanni Laurent unum sestarium siliginis, pro quo solvi xxxiii s. tur.

Item, assignavit Martino Aymerii unum sestarium siliginis, pro quo solvi xxxiii s. tur.

Item, assignavit Jacobo Delmas unum sestarium siliginis, pro quo solvi xxxiii s. tur.

Item, assignavit Johanni Auzepi unum sestarium siliginis, pro quo solvi xxxiii s. tur.

Item. assignavit Roberto Boscho unum sestarium siliginis sibi assignatum, xxxiii s. tur.

Item, assignavit dicto Pachol et Malauro unum sestarium, pro quo solvi xxxiii s. tur.

Item, assignavit Poncio de Chalanconio, quem solvi, x s. turon.

Item, solvi Jacobo de Brozat, pro annua pensione sibi assignata, x s. turon.

Item, solvi Johanni Laurent, pro annua pensione sibi assignata, xii s. tur.

Item, solvi Petro Iterii, pro annua pensione sibi assignata, xx s. tur.

Item, solvi Jacobo Delmas, pro annua pensione sibi assignata, xx s. tur.

Item, solvi St. Larzasso, pro annua pensione sibi assignata, xxxii s. tur.

Item, solvi Hugoni Faromont, pro annua pensione sibi assignata, xxx s. tur.

Item, solvi Poncio de Murs, pro annua pensione sibi assignata, x s. tur.

Item, quia moneta erat adeo debelitata quod magistri et operarii nolebant pro sibi celario assignato contemptari, fuit ordinatum per dominos priores Hugonem d'Ussom, priorem secundum, et dominum Bertrandum de Balens, priorem Sancti Desiderii, tum vicarium domini abbatis, quod darentur magistro Hugoni Maurelli et Petro Falciat, magistris fabrice, semel tantum, x libr. tur.

Item, quia dicto magistro Hugoni Maurelli de tempore quo fuit infirmus, videlicet per v septimanas, fuerunt sibi subtracta sua stipendia, et propter hoc nolebat intendere operi dicte fabrice, presertim quod prosequendo negocia dicte fabrice [infirmitatem contraxerat], fuerunt sibi date vii lib. x s.

Item, solvi magistro de Sabazaco pro pensione sibi assignata, x lib. tur.

Item, solvi pro raubis seu vestibus assignatis dicto magistro Petro de Sabazaco, Hugoni Maurelli et Petro Falciat et pro folraturis, xx lib. tur.

Summa, pro avantatgiis, cclxxxxviii l. ii den.

III. — *Dépenses relatives au clocher, à la démolition de l'ancienne église et aux fondations de la nouvelle* (1).

Item, anno Domini m° ccc° xlvi et die iiii mensis julii, solvi Poncio Cigaudi et Martino de Chalanconio pro campanili novo, ligneo facto, in prato juxta ca-

Arch. Vat. *Camcre intr. ct exit.* reg. 228, f° 60 v°.

pellam beate Marie, xi lib. iii s.

Item, anno Domini M° CCC° XLVii et die secundo mensis febroarii, solvi Roberto de Roassat pro elosgiis mutandis juxta dictum campanile, iiii lib. tur.

SEQUITUR de expensis factis pro lignis ad corum faciendis.

(1ᵉʳ payement, 3 juillet 1346 ; 2ᵉ payement, 12 septembre 1347.)

TOTAL. . . . . .LXXIII lib. XIII s. tur.

SEQUITUR (1) de expensis factis pro ecclesia veteri et campanilibus deponendis et fundamentis nove ecclesie faciendis, cavandis seu fodiendis.

Primo, anno Domino M° CCC° XLIIII et die VI mensis maii, solvi Johanni Boscho, pro preparanda via per quam itur apud Cenoyre pro currubus lenius cum arena et lapidibus protrahendis ad dictam fabricam, XVI s. VI den.

Item, anno quo supra et die XIIII mensis novembris, solvi Valantino de Felgos et Johanni Logros de Maseras et Benedicto de Charnols et Roberto de Macello, pro curando plateam in qua edificabitur ecclesia, et pro prohiciendo terram extra villam, et pro fodiendo et cavando locum in quo caput ecclesie et presbiterium est fundatum, LXVIII lib. VI den.

Item, anno quo supra et die prima mensis decembris, solvi Symoni Chapela et Bartholomeo Conongleys et dicto Fornel et Matheo Rodelh, pro prohiciendo terram extra muros, que erat juxta puteum prati, videlicet juxta portam infirmarii, iiii lib. tur.

Item, anno Domini M° CCC° XLVI et die VI mensis octobris, solvi Rotberto Bochonis de Casa Dei, pro campanili dirruendo usque ad quemdam canalem fusteum, et debet ponere los chanters et los esseylars et las crotenchas in locis sibi designatis, XVI lib. XI s. tur.

Item, anno quo supra et die IX mensis januarii, solvi Rotberto Boschonis et Johanni Valanti et Matheo Dinada et Jacobo Delmas, pro dirruendo ecclesiam veterem usque ad crucem, et tenentur omnes lapides de talha in uno loco ponere et sine fractione et los meyloens in alio loco, LXXXV lib. et VIII s. tur.

Item, anno quo supra et die VII mensis marcii, solvi Regi de Colma et pro curando et evacuando dictam ecclesiam veterem et pro prohiciendo extra, CV lib. VII s. X. den.

. . . .

Item, anno quo supra (1347) et die X mensis decembris, solvi Vitali Palmeyr, pro aplanando et evacuando plateam que est versus plateam seu portam helemosyne in quas edificatur le pilar atraier (?), L s. tur.

Item, anno quo supra et die IX mensis decembris, solvi dicto Galisso et aliis, pro fodiendo fundamenta trium columpniarum seu pilarum ecclesie, ad mensuram X brachiatarum tam in latitudine quam in altitudine, et pro terra prohicienda dictarum columpniarum extra ecclesiam, VI lib., VI s. tur. (TOTAL CCCLX lib. XVIII s. X den.)

SEQUUNTUR (2) expense facte pro tecto seu copertura novi presbyterii (1347).

(1) *Ibid.*, f° 62 v°.
(2) *Ibid.*, f° 63 r°.

IV. — *Taille et pose de pierres, piliers, nervures, voussoirs, etc.*

Sequitur (1) de precio (pro expensis) factis pro lapidibus scindendis et parandis seu expolendis.

Item, anno Domini m° ccc° xlvi et die prima mensis maii, solvi Johanni Laur[eti], Johanni Auzepi, Raufeto Borderii pro duobus formetis lapideis vitrealibus seu fenestris presbiterii, xi lib. ix s. tur.

Item, anno quo supra et die xx mensis julii, solvi Robino de Campo Vileyr, pro una formeta vitrearum de coro lapidea, lxx s. tur.

Item, anno quo supra et die vii mensis augusti, solvi Johanni Valanti et Johanni Dant, Jacobo Delmas pro xv assizas de las pilas, vi lib. xv. s. tur.

Item, ea die solvi Michaeli Eschayroza, pro xxiii palmis de volsors plas et pro xxiiii palmis de volsors boatz (2) pro fenestris vitrealibus, vii lib. xiii s. ix den.

Item, anno quo supra et die tercio mensis septembris, solvi Petro Bardeys, pro iiii°ʳ gorgolas et pro iiii°ʳclaus de las chapelas presbiterii, et pro iiii°ʳ eschapaders de las gorgolas et pro v espix (3). . . . . xx lib. ix s. tur.

Item, (4), anno quo supra et x mensis septembris, solvi Petro de Sancto Floro, pro ii ensochamens, deus pilars atraier, et pro x assizas de pe dreyt de sobre de eisdem pilars, et per vi tas de charzas sur lo pilar atraier portant le doblel de la leia, et pro iiii°ʳ conetis de la porta del cor, xlv lib. tur.

Item, anno quo supra et die xxvii mensis augusti, solvi Hugoni Faromont et Robino de Campo Vileyr pro viii encharzamens d'angles de las chapelas, xviii lib. tur.

Item, eodem die, solvi Johanni Auzepi, pro correyando presbyterium, xiiii lib. x s. tur.

Item, anno quo supra et die v mensis septembris, solvi Johanni Valanti et Michaeli Eschayroza, per encharzar duos pilars atraiers, videlicet quolibet iiii assisas portaut iii menbres, ii osivas et unum doblel, a la grant nau de sobre cor et pro v assizas de charzas a voluer de las chapelas de la leia, xxxiiii lib. tur.

Item, eodem die, solvi Robino de Campo Viler, pro lo encharzamens de la sagrestania deus pilars del melhot portant i doblel et ii osivas, x lib. tur.

Item, anno quo supra et die xxii mensis septembris, solvi Raufeto Bordeys et Johanni de Nolhac, per l'ensochement (5) del pilar atraier del clocher, ix lib. x s.

---

(1) *Ibid.*, f° 71 r°.

(2) *Volsors platz,* voussoirs plats, et *volsors boatz* (pour *voatz*), voussoirs évidés. Ces mots n'ont pas besoin de définition.

(3) Je serais tenté de voir dans ces *épis* les fleurons qui surmontent les pignons au sommet des contreforts.

(4) Arch. Vat. *Camere intr. et. exit.* f° 73 v°.

(5) *Ibid.* f° 74.

Item, anno quo supra et die x mensis octobris, solvi Johanni de Nolhac et Durando Galvaulier pro viii assizas [de] deus pilars atraiers, encharzadas de iii menbres, de la grant nau de sobre cor, xiii lib. tur.

. . . . , ... ' . . . .

V. — Contrat passé avec les maîtres verriers (1).

SEQUITUR de expensis factis pro vitreys faciendis.

Primo, anno Domini M° CCC° XLVI et die XXV mensis januarii, solvi Bartholomeo Aucelli et Durando Bizeti, cives Anicienses *(sic)*, eo quia tenentur et sine temporis prefictione legitime et artificialiter facere et de novo vitreo vii vitreas duplices, que faciunt xiiii simplices, in presbyterio ecclesie, de presenti confectas et constructas, pretio, quolibet pede de quayradura confecto de vitreo albo, v sol. tur., secundum modum et formam cujusdam vitree in capella beate Marie dicti monasterii per ipsum Bartholomeum et Durandum Bizeti dudum confecte, nisi melius dicte nove vitree conficerentur. Item, pretio quolibet pede de vitreo ubi conficientur et erunt apparentes arma domini nostri pape, v s. vi den. tur. Item, pretio quolibet pede dictarum vitrearum conficiendarum de les marzinaria, vi sol. tur. Et fuit actum et conventum quod dicti Bartholomeus et Durandus habeant, procurent et habereque *(sic)* et procurare teneantur et debeant omnino necessaria ad dictum opus perficiendum et complendum suis propriis sumptibus et expensis, acto tamen quod dicti Bartholomeus et Durandus non teneantur recipere unum scudatum auri, quantumcunque ipsum contingat valere magis aut minus, nisi pro xxii solidis turonensium, et habuerunt cxx scudatos auri, valentes in summa cxxxii lib. tur.

VI. — Description du tombeau de Clément VI.

SEQUUNTUR ymagines per dictum magistrum Petrum et socios suos in dicto monumento facte. Presbyter portans aquam benedictam in i° sede. Diaconus in alia sede portans librum Evangelii, et servitor in alia sede. Cardinales Tutellensis, Guillelmus, Lemovicensis, et Bellifortis, quilibet in una sede. Archiepiscopi Rothomagensis, Narbonensis, Cesaraugustanus, Arelatensis, Dracharensis; episcopi Biterrensis in una sede, episcopi Biterrensis *(sic)*, Ruthenensis, Claromontensis, S. Pauli, Rivensis, Elnensis, Tutellensis, Xanctonensis, Tolonensis, quilibet in una sede. Comes Bellifortis cum ii uxoribus in una sede. Vicecomes Turene cum uxore in una sede. Johannes Nicolaus Rotgerius, marquesius, in una sede. Comitissa Valentin[ensis] cum suo marito in una sede. Dalphina de Rupe cum suo marito in una sede. Maria de Mocherio *(sic)* cum suo marito in una sede. Margarita de Donzenaco cum suo marito in una

---

(1) Arch. Vat., *Camere intr. et exit*, reg. 228, f° 64.

sede. Matha cum suo futuro marito in una sede. Alinorda, soror, cum duabus filiabus maritatis et duabus filiabus abbatissis et Nicolao filio suo, in una sede.
Summa imaginum, computata imagine domini nostri pape, LV *(sic)* imagines.

VII. — *Note relative à la violation de la tombe de Clément VI*
(tirée des *Ann. bened.*) (1)

Il paroit presque impossible que les Calvinistes ayent tiré le corps de Clément
VI de son tombeau, ayant resté si peu de tems à la Chaise-Dieu. Pour entrer
dans ce tombeau, qui est profond et fort avant en terre, il faut lever trois planchers. Sous le mausolée de marbre noir il y a une belle voûte qui paroit sortir
de la main de l'ouvrier. Elle est parsemée de croix et de roses d'or, qui ont
beaucoup d'éclat. En réparant le pavé du chœur on découvrit ce tombeau; il
paroit n'avoir jamais été violé. On appela M. Pissavin, notre chirurgien, qui est bon
anatomiste, pour visiter les ossemens du pape qui étoient rangez sur des barres
de fer au dessous de ladite voûte. Il conste par son procez-verbal du mardi
19 mars 1709 et par le raport que nos confrères m'en ont fait, que les ossemens
de Clément VI n'ont jamais été mis au feu. M. Pissavin fit remarquer à nos pè-
res les principaux ossemens, et, entre autres, le fémur, le tibia, deux péronez,
plusieurs côtes vrayes ou fausses. La tête est tout entière, à la machoire inférieure
prez. On voit au pariétal gauche qu'il y a eu une légère exfoliation de la première table, de trois travers de doigts de longueur et deux de largeur; et sur la
partie antérieure et moyenne dudict os, un travers de doigt de la suture coronale
et un grand travers de doigt de la sagittale, l'opération du trépan y avoit été faite.
Ce qui convient à ce que dit Pétrarque. Il est donc hors d'apparence que l'on ayt
fait un gobelet du crâne de ce pontife, puisqu'il est encore en entier. Il paroit
plus vraisemblable que ces impies burent dans la tête de marbre qu'ils
coupèrent et qu'ils purent creuser. Il brisèrent aussi les mains et les pieds de la
figure de marbre blanc, et tous les ornemens qui étoient autour du tombeau, qui
étaient magnifiques, et dont il en reste quelques-uns à la bibliothèque. La voûte
dont nous avons parlé consiste en trois grandes pierres qui ont chacune environ un pied d'épaisseur et quatre de largeur, et sont soutenues par des murs de
pierre de taille, entre lesquels sont placées les barres de fer. Il y a à chaque côté
un degré et une grande ouverture. On trouva aussi dans ce tombeau plusieurs
lambeaux de cuir de biche ou d'élan.

On ne voit plus à la Chaise-Dieu les tapisseries dont parle Masson. Mais l'on y
conserve encore trois chappes que l'on dit avoir été données par Clément VI.
Elles sont précieuses, et leur coquille ou chaperon est fait en triangle qui n'a
qu'environ un demi-pied. On a donné à une de ces chappes le nom de Mystères;

(1) Bibl. nat. ms. lat., 12664, f⁰ˢ 102-103 placés entre les f⁰ˢ 119-120.

on appelle l'autre la Toussaints, et la troisième la Caille, fort renommée en Auvergne. Elle est toute en broderie avec des semences de perles. On l'appelle *la Caille* parce qu'entre plusieurs oyseaux on y voit une caille faite d'aprez nature. On dit icy que feu madame la mareschale de Noailles voulut découdre elle-même la doublure de ces trois chappes et qu'elle assura n'avoir jamais rien vu de si bien ouvré.

FIN.

www.ingramcontent.com/pod-product-compliance
Ingram Content Group UK Ltd.
Pitfield, Milton Keynes, MK11 3LW, UK
UKHW021151220726
13924UKWH00003B/1098